ERIK SPIEKERMANN

Ursache & Wirkung:
ein typografischer Roman

H. BERTHOLD AG
BERLIN

Schrift
Walbaum Standard, 9 Punkt; Laufweite 0;
Zeilenabstand 4,25 mm;
Wortzwischenraum 13 Einheiten;
Blocksatz auf 81 mm; Einzüge 6 mm.

Satz
Layout-Setzerei Stulle, Stuttgart,
auf Berthold GST 4000.

Lithos
ORT Kirchner & Graser, Berlin.

Druck
Ruksaldruck, Berlin.

Papier
115 g/m² Edeloffset Hanno Art matt
der Firma Hannover-Papier.

Bindearbeiten
Lüderitz & Bauer, Berlin.

Gestaltung
Erik Spiekermann, MetaDesign Berlin.

© Copyright by Context GMBH Erlangen

Alle Rechte, insbesondere das Recht der Vervielfältigung,
Verbreitung und der Übersetzung, vorbehalten.
Kein Teil des Werkes darf in irgendeiner Form (durch
Photokopie, Mikrofilm oder ein anderes Verfahren)
ohne schriftliche Genehmigung der Context GMBH
reproduziert oder unter Verwendung elektronischer
Systeme verarbeitet, vervielfältigt oder verbreitet werden.

14.–24. Tausend

Printed in Germany 1986 · ISBN 3-9800722-0-7

Dieses Impressum gildet nicht! Das echte, neue Impressum steht auf Seite 144.

*Wer ängstlich abwägt, sagt gar nichts.
Nur die scharfe Zeichnung,
die schon die Karikatur streift,
macht eine Wirkung.
Glauben Sie, daß Peter von Amiens
den ersten Kreuzzug
zusammengetrommelt hätte,
wenn er so etwa beim Erdbeerpflücken
einem Freund mitgeteilt hätte,
das Grab Christi sei vernachlässigt
und es müsse
für ein Gitter gesorgt werden?*

Theodor Fontane

VERZEICHNIS DER MITWIRKENDEN

DIE SCHRIFTART .... leider kennen viele nur eine

DIE LAUFWEITE .... nicht die Einsamkeit des Langstreckenläufers, sondern der Abstand zwischen den Buchstaben

DER ZEILENABSTAND .... ein schwer zu erklärender Zeitgenosse

DIE ZEILENLÄNGE .... tritt meist in Verbindung mit der SCHRIFTGRÖSSE auf
(ALIAS SATZBREITE)

DER WORTABSTAND .... auch ihn kann man nur mit anderen erleben, nie alleine

DIE SCHRIFTGRÖSSE .... wer sie nicht berücksichtigt, kriegt Ärger mit den meisten anderen

DER SCHRIFTSCHNITT .... familiär eng verbunden mit der SCHRIFTART, wenn auch mitunter etwas vernachlässigt

DIE SATZART .... nicht zu verwechseln mit der SATZMETHODE, die nicht vorkommt, weil wir hier nur vom FOTOSATZ sprechen

Ferner treten auf: UNTERSCHNEIDUNGEN, EINZÜGE, KAPITÄLCHEN, MEDIÄVALZIFFERN, VERSALIEN, LINIEN und viele andere Mitwirkende, die teils beim Namen genannt werden, teils ungenannt ihre Arbeit tun. Sollte der eine oder andere nicht erwähnt worden sein, so bedauern wir das sehr. Es kann am Platzmangel, an schlechter Planung oder einfach an schlechtem Gedächtnis gelegen haben.

VORWORT

DIE Niederschrift aller Vorgänge, die zum Entstehen dieses Romans führten, wäre so etwas wie die Autobiografie eines leidenschaftlichen Typografen. Doch für eine Biografie bin ich erstens noch zu jung und bezweifele zweitens, daß es eine genügend große Leserschaft gäbe.

Ich will mich also auf den folgenden Seiten darauf beschränken, nur das zu erzählen, was auch wirklich nützlich und unterhaltsam ist für meine Kolleginnen und Kollegen, die in den sogenannten kreativen Berufen tagtäglich Probleme lösen sollen, zu deren Vermittlung es der Schrift – und damit der Typografie – bedarf. Damit das klar ist: verbissen ernst geht es dabei nicht zu.

Und um vorweg gleich aus dem Nähkästchen zu plaudern, will ich sogar verraten, wie bei einer der Vorbesprechungen zu diesem Buche, an der eine ganze Anzahl von Herren teilnahmen, die sich aufs Beste auskennen mit diesem Thema, der Zweck der Niederschrift festgelegt wurde:

Wir wollen dem Leser dieses Buches (und natürlich auch der Leserin) Mut machen, mal etwas zu riskieren, sich seines gewissermaßen manchmal unter einer Grasnarbe befindlichen Wissens zu erinnern und es bewußt anzuwenden. Schließlich sind diese Leute keine unbefleckten Laien, die nun mal zufällig in diesem Metier arbeiten. Nein, aber gelegentlich kann jeder eine Rückenstärkung gebrauchen, damit er hinterher sagen kann: »Genau so ist es, könnte ich auch geschrieben haben, warum begreifen nur die anderen das nicht.«

Es soll dieses also ein Büchlein sein, das man gerne zur Hand nimmt, weil es auf leichte Art zusammenfaßt, worauf es bei den typografischen Dingen des Lebens ankommt und weil es gelegentlich sogar vom Thema, streng genommen, etwas abweicht und andere Bereiche unseres Lebens berührt. Ich muß dazu unbedingt noch sagen, daß auch im Leben eines leidenschaftlichen Typomanen noch andere Dinge als Buchstaben vorkommen sollten. Obwohl – selten.

Wenn in den vorangegangenen Bemerkungen der Eindruck entstanden ist, dieses kleine Werk sei im Plauderton und noch dazu in der ersten Person geschrieben, so ist dieser Eindruck vollkommen richtig. Damit soll eine Identifizierung des Lesers mit dem Geschriebenen erleichtert werden, weil auch das den Zweck des Buches fördert, wie weiter vorne schon beschrieben.

So, nun zur Sache!

Das heißt, ich muß erst noch etwas vorausschikken. Es war bis jetzt immer von einem Roman die Rede, auch schon auf dem Umschlag. Damit dieser Anspruch wenigstens in der Form seine Entsprechung findet, habe ich die in Fachbüchern sonst übliche Gliederung einfach *Verzeichnis der Mitwirkenden* genannt. Im Fachbuch wiederum wäre jetzt jedes Kapitel für einen dieser *Mitwirkenden* zuständig. So geht es natürlich in einem Roman nicht zu, auch wenn es ein typografischer Roman ist. Aber darauf komme ich noch zurück.

Als gewissermaßen roter Faden wird sich durch dieses Büchlein dagegen die sozusagen in der Natur der Dinge liegende Ordnung ziehen; nämlich ausgehend von dem kleinsten Bestandteil, dem Buchstaben, bis zum größten, der Seite. Gewisse Überlappungen, Wiederholungen, ja Sprünge in dieser Anordnung werden sich nicht vermeiden lassen, sie sind eigentlich sogar erwünscht.

*muß es nicht richtig
heißen:*

Philipp Luidl Im Anfang war das Wort?

Gerrit Noordzij Lieber Erik, was fällt Dir ein, mich behaupten zu lassen, am Anfang wäre das A.

Georg Salden Am Anfang war das ›A‹?

Hermann Zapf Am Anfang war das A

ERSTES KAPITEL

In diesem, dem ersten Kapitel müßte der gerade beschriebenen Ordnung zufolge also der Buchstabe als Einzelzeichen abgehandelt werden. Daß es viele tausend verschiedene Arten gibt, meinetwegen ein kleines *a* (auch: a, ɑ, a, *a*, a, a, *a* u.v.a.) zu gestalten, ist dem fachkundigen Leser dieser Zeilen gottlob bekannt.

Es ist typografischen Laien nämlich oft gar nicht klarzumachen, daß es Sinn und Zweck hat, so viel Arbeit und auch Liebe auf das Zeichnen dieser kleinen Buchstaben zu verwenden, die, kaum überflogen, schon zusammengeknüllt im Papierkorb landen. Wie gesagt, so argumentiert der Laie. Der Fachmann hingegen erkennt die feinsinnigen Unterschiede zwischen den Schriften und weiß wohl um ihre Wirkung auf den Betrachter. Ist es doch mit der Typografie wie mit den anderen Künsten: dem Ahnungslosen muß auf die Sprünge geholfen werden und bald eröffnet sich ihm eine neue, abenteuerliche Welt, eine Welt, erfüllt mit Gegenständen für den geistigen Gebrauch. Aber wer öffnet dem Ahnungslosen die Augen für die blühende Wiese der Typografie?

Warum gibt es eigentlich keine Typografiekritiker? Jeden Morgen lese ich in der Zeitung Kritiken über alle möglichen Veranstaltungen des Vorabends: Theater, Film, Musik, ja sogar das Fernsehen werden einer kritischen Würdigung unterzogen beziehungsweise oft schlicht verrissen. Ja, von hauptberuflichen

TYPOGRAFIEKRITIK
Ausstellungskatalog als wissenschaftliches Werk?

Die Pferde von San Marco: große Kunstwerke, kleinliche Typografie. Unser Typografiekorrespondent, Erik Spiekermann, rezensiert den Katalog zur Ausstellung im Martin-Gropius-Bau.

Die Arbeit des Typografen ist es, gedruckten Mitteilungen eine ihrem Inhalt angemessene Form zu geben. Leider sind nun gelernte Typografen hierzulande selten und den meisten Auftraggebern lästig. Statt dessen bittet man die Druckerei – die in der Regel auch den Satz macht – das Layout mitzuliefern, als kostenlosen Service natürlich. Meist sieht es dann auch danach aus. Nicht der Inhalt – hier die Pferde von San Marco – war entscheidend, sondern die Produktionsmöglichkeiten und Termine der Druckerei. Für alle Bücher gibt es ein Standardlayout, für alle Prospekte, für alle Kataloge.

Beim vorliegenden Werk muß es sich um einen Katalog handeln, es ist nämlich quadratisch. Dieses Format macht es völlig untauglich zum Lesen, weil man es nicht in der Hand halten kann. Aufgeschlagen ergibt sich ein häßlicher breiter Streifen, dem jede Eleganz fehlt. So was nennt man auf Englisch »coffee-table-books« – Bücher für den Couchtisch zum beiläufigen Durchblättern; als begleitender Katalog zu einer historisch einmaligen Ausstellung jedenfalls nicht geeignet.

Das Format und damit die äußere Gestalt des Werkes (ich will es weder als Buch noch als Katalog bezeichnen) entsprechen also überhaupt nicht dem Thema – wie steht es nun mit dem Inhalt?

Die Schriftwahl ist – wie so oft – einfallslos. Eine dem Thema angemessene Schrift wie Bembo oder Palatino war wahrscheinlich nicht bei dem Drucker vorhanden, der für das billigste Angebot den Zuschlag bekommen hatte. Also nahm man wieder mal die Times, die es keinem reicht, aber allen billig macht. Immerhin könnte man argumentieren, daß Stanley Morison eine Renaissanceschrift zum Vorbild hatte, als er Anfang der 30er Jahre die Times New Roman entwarf. Dann müßte man aber auch den Formenschatz der ganzen Schriftfamilie benutzen, also Kursiv, Kapitälchen, Mediävalziffern, Versalien.

Im vorliegenden Fall jedoch ist das Layout - also die Anordnung auf der Seite und die Gliederung innerhalb des Buches – eher trocken, grau und im schlimmsten Sinne zeitlos, weil stillos. Vielleicht war die Wahl einer hierzulande immer noch mit der Vokabel »klassisch« belegten Schrift sogar als Geste an die konservativen Leser gedacht, die bei einer Univers oder Akzidenz Grotesk gleich an industrielles Teufelswerk denken.

Nun sind ja auch Vorurteile ernstzunehmende Kriterien; jedenfalls ist das Layout dieses Werkes so gestaltet, daß es jedem Vorurteil gegenüber wissenschaftlichen Werken voll entspricht. Die Seiten sind grau, nicht gegliedert und die Abbildungen lieblos eingestreut. Absätze haben weder Einzüge noch Leerzeilen zur Unterscheidung voneinander, lediglich etwas kürzer auslaufende Ausgangszeilen verraten mitunter das Ende eines Absatzes.

Die Zeilen sind mit 20 Cicero, also ca. 90 mm, bei einer Schriftgröße von 9 Punkt viel zu breit, sie fassen 60 Zeichen. Das wäre nicht schlimm, wenn der Durchschuß der riesigen Textmenge und der Zeilenbreite entsprechen würde. So ist es bei 9 auf 10 Punkt geblieben (metrisch zu rechnen wird bei manchen Systemen offensichtlich auch erst im nächsten Jahrtausend eingeführt); das ist bei einer Schrift mit recht hoher Mittellänge eine Zumutung und müßte von den Krankenkassen wegen Schädigung der Volksgesundheit verboten werden. Eine solcherart »gestaltete« Doppelseite macht den Eindruck von Blindtext, wie ihn manche gute Setzereien anbieten. Blind werden kann der Leser in der Tat von solchen Seiten.

Die Ränder der Seiten, also Fuß-, Bund-, Außen- und Kopfsteg, widersprechen auch sowohl jeglichen ästhetischen als auch jedem funktionellen Gedanken. Fuß- und Kopfsteg sind gleich breit, Bund- und Außensteg zwar etwas schmaler, aber untereinander wieder gleich breit. Optische Mitte und harmonische Satzspiegel-Konstruktion sind unbekannt, die Seiten verhalten sich zur Typografie wie der soziale Wohnungsbau zur Architektur.

Architekturkritikern liest man gelegentlich. Betrachten wir allerdings die Bauten in unseren Städten, so fällt uns zugleich auf, wie wenig Einfluß der Kritiker auf den Gang der kulturellen Dinge im allgemeinen hat. Und ein weiteres, wesentliches Manko dieses Berufsstandes offenbart sich am augenfälligsten am Beispiel des Architekturkritikers: erst nach getaner Tat wird kritisiert und Besseres vorgeschlagen. Dann aber ist der Beton hart und man muß sich in Geduld üben und der Materialermüdung harren.

Gerne würde ich mich hierüber noch etwas auslassen, aber das verbieten mir die Platznot und die straffe Handlungsgestaltung. Ich glaube, es gibt in unseren Feuilletons keine Typografiekritik, weil kaum jemand weiß, was Typografie überhaupt ist und wem sie was nützt. Wüßte das die Masse unserer Bevölkerung, dann müßte die Mehrzahl unserer Publikationen ihr Erscheinen einstellen, weil sie so von der Typografiekritik zerrissen würde, daß der bewußte Konsument und Leser den Kauf dieser Publikationen nicht mit seinem Kulturverständnis in Einklang bringen könnte.

Zwar scheint diese Kausalverknüpfung etwas dünn und weit hergeholt, doch versichere ich, daß ich mich lange mit der Sachlage befaßt habe und daher diese Begründung mit Überzeugung abgebe.

Jetzt habe ich zwar ausgeführt, daß und warum es keine Typografiekritik gibt, dem eigentlichen Anliegen jedoch sind wir eher wenig nähergekommen. Um auf den einzelnen Buchstaben, seine Anmutung und Qualität zurückzukommen, möchte ich schon wieder abschweifen, aber nur scheinbar: was wäre

Das Suppenhuhn.
Times New Roman, auch
als typografisches Arbeitspferd bezeichnet.
Nicht sehr elegant, aber folgenschwer.
Platzsparend, genügsam und produktiv.
Innerhalb der Familie ist oft keine Ähnlichkeit zu erkennen. Dank seiner weiten
Verbreitung ist ein Fortbestand der Art
mit Sicherheit anzunehmen.

Das Zierhuhn.
Bernhard Modern: kleinwüchsig, eigenwillig, dekorativ. Weder so nützlich
wie das Suppenhuhn noch so gestelzt
wie der Pfau – aber eine Zierde für
jeden Hühnerhof!

Der Pfau.
Tiffany mager, ein manierierter
Vogel mit übertriebenem Gehabe.
Kann kaum fliegen, aber macht
was her. Deshalb kann ihn auch
jedes Kind vom Suppenhuhn
unterscheiden.

Der Schwan.
Friz Quadrata – ein klassisches
Tier; seit der Sache mit Leda
auch in gebildeten Kreisen
bekannt. Äußere Gestalt und
geschichtliche Überlieferung
geben ihm eine hervorragende
Stellung unter den Vögeln.

unsere Natur, gäbe es von jeder Art nur eine Sorte? Also nur das mitteleuropäische Haushuhn, um ein nützliches Beispiel zu nennen, aber kein Zwerghuhn, keine Pute, kein Perlhuhn und schon gar keinen Pfau? Oder statt Birke, Buche, Eiche, Esche nur den Gummibaum? Langeweile wäre die Folge, bald Lebensüberdruß, Apathie und ein Aussterben unserer einheimischen Bevölkerung. Jetzt stellen Sie sich, liebe Kollegen und Kolleginnen, einmal vor, alle Bücher, Zeitschriften, Prospekte, Broschüren, Tageszeitungen und Eintrittskarten wären aus der Helvetica gesetzt, normal und halbfett. Ein in diesem Zusammenhang furchterregender Gedanke, doch nicht so weit von der Wirklichkeit entfernt wie die Vorherrschaft des Deutschen Hausschweins über das Vietnamesische Hängebauchschwein, um den Tiervergleich noch einmal zu bemühen.

Mit den Buchstaben verhält es sich, mal so betrachtet, wie mit der Musik. Zwar gibt es nur eine kleine Tonleiter, wie es nur ein Alphabet gibt, aber in der Verbindung dieser so bescheidenen Einzelbausteine entstehen – Phantasie und ein Kunstgefühl vorausgesetzt – unzählige Melodien. Die Klangfarbe und Zusammenstellung der verschiedenen Instrumente möchte ich mal mit den verschiedenen Schriften gleichsetzen, so erhält der gleiche Text eben verschiedene Klänge, je nach Schriftauswahl. Man stelle sich vor, Beethovens Neunte auf einem Banjo gespielt! Das wäre wie eine Todesanzeige aus der BOHN-SCRIPT. Nun muß ich ein solch eher übertriebenes Beispiel zugleich vorsichtig relativieren, denn oftmals mag es

ℐ

*Nach langem, ergebnislosem Leben
verschied – nicht ganz unerwartet –
unser Freund und Nachbar*

BERTHOLD BOHN

*Er hinterläßt eine Menge
unveröffentlichter Manuskripte.
Verona, den 24. Februar 1982*

nötig sein, durch Auswahl der Mittel, die auf den ersten Blick übertrieben sind (beziehungsweise übertrieben klingen), einen Effekt beim Betrachter (oder Hörer) hervorzurufen, der einem lauten Knall gleichkommt. Auch wenn dieses Geräusch eher als störend empfunden wird* – Kakophonie statt Symphonie sozusagen – hat es doch oft die gewünschte Wirkung, nämlich zunächst erhöhte Aufmerksamkeit. In der Werbung, die damit der Oper nicht unähnlich ist, kann eben manchmal das große Geräusch wichtiger sein als der geflüsterte Text.

Mit dieser, von Werbetreibenden bestimmt als frech empfundenen Aussage bin ich nun allerdings wieder etwas über unser Ziel hinausgeschossen und berühre bald ein weiteres, indes hochinteressantes Thema: das der Überschriften (zu denen man und frau in der Branche heutzutage natürlich *Headlines* sagt) und ihres Primats über den Text. Über die Wirkung von solchen Headlines ist nun wirklich viel geschrieben worden, man kann sogar fertige Anleitungen kaufen und damit aufs zuverlässigste binnen Tagen zum Meistertexter werden.** Bevor ich nun jedoch auch bei dieser Sache ins Detail gehe – schließlich wäre das eine Gelegenheit, mit eigenen Erfolgen auf diesem Gebiet zu prahlen – falle ich mir schon selber in die

---

* *s. a. Wilhelm Busch: Musik wird störend oft empfunden, dieweil sie mit Geräusch verbunden.*

** *Wie textet man eine Anzeige, die einfach alles verkauft? (DM 48,–) von H. Simon.*

Zügel und bleibe lieber bei unserer Sache, nämlich der Typografie in ihren mannigfaltigen Anwendungen und Auswirkungen.

Nachdem dem aufmerksamen und geduldigen Leser inzwischen hoffentlich einleuchtet, wie sehr doch die Typografie in den praktischen, natürlichen Dingen des Lebens ihre Entsprechung hat, mit ihnen also innig verbunden, ja sogar aus ihnen ursächlich hervorgegangen ist, kann ich mich vom einzelnen Buchstaben, dessen vielfältige Erscheinungsformen den fachkundigen Lesern ohnehin bekannt sind, seinem Zusammenhang im Wort hinzuwenden. Der einzelne Buchstabe ist, von wenigen Ausnahmen in meist fremden Sprachen einmal abgesehen, nur vereinzelt (welch Doppelsinn) anzutreffen. In der Regel verknüpft er, der einzelne Buchstabe, sich mit anderen, oft auch ganz unterschiedlichen zum Wort. Unserer deutschen Sprache ist es darüber hinaus eigen, mehrere Wörter zu einem *Überwort*, einem zusammengesetzten Hauptwort (Haupt-Wort) zu vereinen und dabei oft sogar die Ursprungsbedeutung zu vergessen.

Und was den Platzbedarf des Einzelnen gemessen an der Harmonie des Ganzen betrifft, so wäre das schon einen Diskurs in die Gesellschaftspolitik wert, verbietet sich aber, weil es nun wirklich nicht unmittelbar in die Belange der typografischen Gestaltung eingreift. Zu bedenken geben möchte ich lediglich, daß *Harmonie* nicht unbedingt deckungsgleich mit *Ordnung* sein muß. Dabei will ich es bewenden lassen; das nächste Kapitel handelt dafür gleich wieder von drängenden typografischen Problemen.

Zügel und bleibe lieber bei unserer Sache, nämlich der Typografie in ihren mannigfaltigen Anwendungen und Auswirkungen.

Nachdem dem aufmerksamen und geduldigen Leser inzwischen hoffentlich einleuchtet, wie sehr doch die Typografie in den praktischen, natürlichen Dingen des Lebens ihre Entsprechung hat, mit ihnen also innig verbunden, ja sogar aus ihnen ursächlich hervorgegangen ist, kann ich mich vom einzelnen Buchstaben, dessen vielfältige Erscheinungsformen den fachkundigen Lesern ohnehin bekannt sind, seinem Zusammenhang im Wort hinzuwenden. Der einzelne Buchstabe ist, von wenigen Ausnahmen in meist fremden Sprachen einmal abgesehen, nur vereinzelt (welch Doppelsinn) anzutreffen. In der Regel verknüpft er, der einzelne Buchstabe, sich mit anderen, oft auch ganz unterschiedlichen zum Wort. Unserer deutschen Sprache ist es darüber hinaus eigen, mehrere Wörter zu einem *Überwort*, einem zusammengesetzten Hauptwort (Haupt-Wort) zu vereinen und dabei oft sogar die Ursprungsbedeutung zu vergessen.

Und was den Platzbedarf des Einzelnen gemessen an der Harmonie des Ganzen betrifft, so wäre das schon einen Diskurs in die Gesellschaftspolitik wert, verbietet sich aber, weil es nun wirklich nicht unmittelbar in die Belange der typografischen Gestaltung eingreift. Zu bedenken geben möchte ich lediglich, daß *Harmonie* nicht unbedingt deckungsgleich mit *Ordnung* sein muß. Dabei will ich es bewenden lassen; das nächste Kapitel handelt dafür gleich wieder von drängenden typografischen Problemen.

Diese Schreibmaschinenschrift
sieht für jeden Buchstaben den-
selben Platzbedarf vor, das i
muß sich etwas strecken, das m
hingegen hätte bald Grund zur
Platzangst. Man kann es leicht
noch schlimmer machen: brauchen 10
Buchstaben sonst einen Zoll in der
Breite, so kann man auch 12 oder gar
15 Zeichen auf die gleiche Strecke quetschen,
wie soeben vorgeführt.
Die sogenannte "Proportionalschrift"
sieht den Werbesprüchen der Schreib-
maschinenhersteller zufolge aus
"wie gedruckt". Jeder kann selbst
beurteilen, wieviel höher unsere
Erwartungen an eine "richtige"
Schrift sind und wieviel angenehmer
sich eine gesetzte Seite wie die
nebenstehende liest. Obwohl auf Seite
23 jeder Buchstabe soviel oder
sowenig Platz einnehmen darf, wie
es der natürliche Gang der Dinge
erfordert, finden doch mehr als 1000
Zeichen Platz auf der Seite, während
der Schreibmaschinentext hier nur
etwas mehr als 800 Anschläge
unterbringt.

P. S. Zu Seite 20 und 21:
es handelt sich hierbei um eine typische Doppel*seite;*
außerdem wird im Fernsehen auch alles wiederholt.

ZWEITES KAPITEL

JEDER Buchstabe hat also seine feste Breite, auch Dicke genannt. Falls einem die nicht paßt, kann man in zweierlei Hinsicht daran etwas ändern. Und zwar erstens allgemein und zweitens im besonderen.

Erstens konnte früher keiner an der Laufweite einer Schrift etwas ändern. Höchstens an einzelnen Buchstaben rumfeilen, buchstäblich *unterschneiden* wurde von einigen, bei den betroffenen Setzern besonders beliebten Auftraggebern verlangt. Weil aber damals die Schriften gewissermaßen höheren Ortes als unumstößliche Größe, Breite und Höhe vorgegeben waren, hatten sich alle daran gewöhnt und machten aus der Not eine Tugend, indem sie zum Beispiel die Mono-Schriften,* die mit 18 Einheiten zum Geviert auskommen mußten, als aufs vortrefflichste zugerichtet bezeichneten. Solche rosagefärbten Erinnerungen werden auch nach zwanzig Jahren Fotosatz nicht wahrer, wobei wir nicht vergessen sollten, daß es auch am Fotosatz, wie er von vielen betrieben wird, einiges auszusetzen gibt. »Gottlob«, kann ich an dieser Stelle meinem Typografenherzen Luft machen, »Gottlob, daß die Firmen, die mir das Honorar für diese Zeilen zahlen, typografisch über jeden bleiernen Zweifel erhaben sind – ja geradezu sich in den hellsten Strahlen

---

* *die Monotype gießt einzelne Buchstaben aus Blei und reiht sie zu Zeilen aneinander – tastaturgesteuert.*

So sieht das eine Laufweitenextrem aus: wenn man zu eng setzt, kommen sich die Buchstaben gefährlich nahe – damit es keinen Bruch gibt, muß man mit Schrift sachte umgehen.

Das andere Extrem macht uns die Schreibmaschine vor: jeder Buchstabe hat dieselbe Breite, und der gleichmäßige Raum dazwischen verhütet Zusammenstöße. Da sich Buchstaben jedoch nicht gleichen wie ein Ei dem anderen, ist das Ergebnis unharmonisch.

der Gutenbergschen Sonne wärmen können, denn so wie sie hätte es Gutenberg auch gerne gemacht. Schließlich war er Gold- und nicht Hufschmied.«

Der für das metallverarbeitende Handwerk vielleicht gehässige Vergleich zwischen Goldschmied und Hufschmied sollte lediglich hervorheben, mit welch handwerklicher Raffinesse ein guter Setzer an einer guten Fotosetzmaschine heutzutage vorgeht.

Womit ich endlich wieder beim Thema wäre, nämlich bei den Buchstabenabständen und ihrer Veränderung, der Laufweite also. Ich will mich hier nicht auf das System eines bestimmten Herstellers festlegen, denn es handelt sich hierbei ja nicht um ein Sachbuch, sondern eher um einen, na ja, zum Roman fehlt die Handlung, obwohl, es handelt ja von Typografie, also hat's auch Handlung! Mein Freund Florian, der heimlicher, weil inoffizieller Weltmeister im Finden von Begründungen ist, könnte bestimmt noch bessere Gründe bringen, warum das hier ein Roman sein *muß*, aber schon am Satzspiegel, der zurückhaltenden Schrift, dem großzügig bemessenen Zeilenabstand und den im goldenen Schnitt errechneten Seitenverhältnissen erkennt jeder fachlich vorgebildete Leser, daß es nur ein Roman sein *kann*. Ein Plakat sieht doch wirklich ganz anders aus! Auch größer!

Zwar kann heute bei jedem System an der Laufweite herumgebastelt werden wie am Klangregler der häuslichen Stereoanlage. Andererseits wird kein guter Setzer auf Jahre hinaus eine Laufweite einrasten und den Knopf dann festkleben. Aber zwischen solchen Extremen gibt es doch einige Möglichkeiten,

Caslon Buch
Sprache wird durch Schrift erst schön.

LoType
Sprache wird durch Schrift erst schön.

Zentenar Fraktur
𝔖prache wird durch 𝔖chrift erst schön.

Block schmal
Sprache wird durch Schrift erst schön.

Je fetter die Schrift, desto enger werden Laufweite und Zeilenabstand.

die Vorteile des Fotosatzes auszunutzen und dem Text aufs sorgfältigste gerecht zu werden. Schriften mit ausgeprägten Formen, die meisten Kursivschnitte zum Beispiel und Antiquaschnitte wie Caslon und Goudy, brauchen Raum zur Entfaltung, wie sich auch knorrige Eichen nicht in schnurgeraden Schonungen pflanzen lassen. Die Eigenwilligkeit braucht Luft, braucht ein wenig den Auftritt.

Anders ist das natürlich bei den fetten Schriften, diesen Kindern der Werbung, die erst zu Beginn des letzten Jahrhunderts entstanden und deren Aufgabe es von Anfang an war, lauter zu schreien als der Mitbewerber. Und schwarze Balken mit viel Weiß dazwischen wirken eben grau, da hilft – der Kalauer sei mir verziehen, es mußte einfach sein – auch kein Persil.

Diese beiden Grundregeln jedoch sind noch lange nicht alles, was zur Laufweite zu sagen wäre, obwohl es bei den herrschenden politischen Verhältnissen wahrlich brennendere Probleme gäbe, die zu diskutieren sich lohnte, aber halt!

Zur Laufweite zu sagen wäre vielmehr, daß sie (und so verhält es sich mit vielen künstlerischen Dingen) von mehr als einer Vorbedingung abhängig ist. Die Art der Schrift, also ob sie gerade oder stark gekrümmte Konturen hat, ob sie große oder kleine Binnenräume (jawohl: früher *Punzen* genannt) hat, die Strichstärke und sogar der gewünschte Effekt sind in Erwägung zu ziehen. Darüber hinaus aber auch – wie oft wird es leider vernachlässigt – die Länge bzw. Breite der Zeile, der Umfang des Textes überhaupt und damit die Lesesituation. Ein knapper Text, den

Oft kommt es vor, daß in einem sonst harmlosen Text plötzlich eine oder mehrere Versalzeilen auftreten, sei es, daß es sich um einen Titel handelt wie WO KOMMEN DIE KLEINEN BUCHSTABEN HIN – DAS BUCH ZUM FILM oder um einen Eigennamen wie LANGWEIL, TRÜBSINN UND PARTNER, WERBEAGENTUR.

*Wenn es nur für normale
Versalien reicht, dann bitte
wenigstens etwas weiter setzen.*

Oft kommt es vor, daß in einem sonst harmlosen Text plötzlich eine oder mehrere Versalzeilen auftreten, sei es, daß es sich um einen Titel handelt wie Wo kommen die kleinen Buchstaben hin – das Buch zum Film oder um einen Eigennamen wie Langweil, Trübsinn und Partner, Werbeagentur.

*Allerdings sind Kapitälchen
natürlich die beste Lösung –
kleine Großbuchstaben.*

Oft kommt es vor, daß in einem sonst harmlosen Text plötzlich eine oder mehrere Versalzeilen auftreten, sei es, daß es sich um einen Titel handelt wie WO KOMMEN DIE KLEINEN BUCHSTABEN HIN – DAS BUCH ZUM FILM oder um einen Eigennamen wie LANGWEIL, TRÜBSINN UND PARTNER, WERBE-AGENTUR.

*Falls mal keine Kapitälchen
mehr da sind, sehen etwas kleinere
Versalien besser aus als größere.*

man schnell überfliegt und der auch inhaltlich einigermaßen flott zu begreifen ist, kann sich auch bei den Maßen der typografischen Anordnung knapp fassen: eher geringerer Buchstabenabstand, engerer Zeilenabstand, kürzere Zeilen, kleinere Wortabstände.

Diese Verknüpfung der verschiedenen, vom bemühten Gestalter aufs sorgfältigste zu ermittelnden Maßangaben ist irgendwie die Hohe Schule der Typografie. Eine Setzerei, die sich nicht für gute Typografie engagiert, wird auch keinen guten Satz liefern – da helfen auch die tollsten Computer nichts. Um seine typografischen Vorstellungen durchsetzen zu können, sollte sich ein guter Gestalter auch die beste Setzerei am Ort suchen. Daß Schreien, Flüstern, Singen und Rezitieren alle ihre typografische Entsprechung haben, deutete ich schon einmal an und werde ich sicherlich im weiteren Verlaufe dieser Ausführungen noch etliche Male an- und ausdeuten.

Nach diesen eher allgemein gehaltenen Zeilen möchte ich nun gerne wieder etwas mehr ins Detail gehen; auch wenn dieses Buch ein vorwiegend fachlich gebildetes Publikum erreichen soll, so sind doch gerade diese Fachleute immer daran interessiert, kleine Tricks zu lernen oder die alten Tricks aufzufrischen. Ein kleiner Trick ist zum Beispiel (gute Setzereien tun sowas übrigens ungefragt), VERSAL-ZEILEN eine Stufe weiter als gemischte Zeilen zu setzen, das macht sie leichter lesbar und läßt sie nicht zu störend aus dem übrigen Text herausragen. Auch kann man diese Versalzeilen einfach eine halbe Größe kleiner setzen als den übrigen Text – immerhin sind Schriftgrößen

*Wie in dieser Tasse
noch Platz für
Milch ist,
so erlaubt die
Normal-
laufweite
noch etwas
Unschärfe
oder
Quetschrand.*

*Wer dagegen
so knapp eingießt,
darf nicht mehr
umrühren.
Tiefdruckraster
oder rauhes
Papier
brauchen
mehr
Buchstaben-
abstand.*

*Eine Portion Kaffee
in eine Mokkatasse
gießen
ist wie hautenger
Titelsatz auf
acht Punkt verkleinert.*

in unserer so miniaturbesessenen Zeit nicht mehr auf ganze Punktgrößen beschränkt, sondern lassen sich in Schritten von Millimeter-Bruchteilen – an der Versalhöhe gemessen – einstellen. Solche Tricks, dem Computer einmal mitgeteilt, brauchen dann nie wieder eine neue Entscheidung, es sei denn, man wollte sie außer Kraft setzen.

Banal wird der nun folgende Hinweis für viele zwar klingen, leider sehe ich andererseits täglich die Bestätigung dafür, daß er durchaus angebracht ist: viele Layouter, Grafiker, Typografen, Hersteller und wer sonst noch alles Satz bestellt, teilen dem Setzer nicht mit, wie groß die Zeilen in der endgültigen Form sein sollen. (Ein Hinweis für die reinen Brotschriftkünstler: das in diesem Absatz gesagte bezieht sich nur auf Titelsatz sowie den Textsatz für Riesenschriften, beispielsweise für Ausstellungstafeln.) Also wird schön knackig aufs engste gesetzt, daß ein Maurer seine Freude hätte! Wunderbar für die Headline im Offsetdruck mit scharfen Kanten, schlimm für Unterzeilen, kleine Headlines und so weiter, schlimm auch für Rotationstiefdruck und Buchdruck. Bei den kleinen Zeilen läuft's ohnehin optisch zu, beim Tiefdruck fasert's aus und beim Buchdruck braucht der Quetschrand Platz.

Für Ausstellungstafeln gilt es auch, etwas großzügiger mit den Abständen, sowohl zwischen den Buchstaben als auch zwischen den Zeilen umzugehen. Zwar ist die Schrift, verglichen mit der Headline auf einer harmlosen A4-Seite, riesig groß, aber für einen Leseabstand bestimmt, der den des abgewinkelten

Dünne Gitterstäbe wirken zwar als Absperrung, lassen aber noch den Durchblick zu.

Gerade bei Zäunen aus natürlich gewachsenem Material muß noch etwas Abstand zwischen den Latten sein.

Einen fast undurchlässigen Eindruck bieten Zaun und Schrift bei diesem Beispiel.

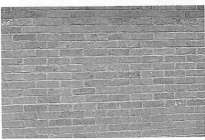

Laufweite minus 4 läßt zwar noch das Material, aber keinen Hintergrund mehr erkennen.

Armes um ein Vielfaches übertrifft. Unschwer ist aus den vorausgegangenen Ausführungen abzuleiten, daß ein gewisser gesetzmäßiger Zusammenhang besteht zwischen dem voraussichtlichen Leseabstand und der Schriftgröße, dem Buchstabenabstand, dem Zeilenabstand und – last not least – dem Wortabstand. Die Interaktion dieser Begriffe läßt uns nicht los! Gegen Menschen, die Zeitungen von der anderen Straßenseite aus lesen, ist natürlich kein typografisches Kraut gewachsen, diese Sonderfälle will ich daher außer acht lassen.

Obwohl ich mir vorgenommen hatte, in diesem Buch nicht lehrhaft zu erscheinen und keine Lektionen abzuhaken, möchte ich zum Abschluß des Kapitels, das, wie sich der eine oder andere Leser noch erinnern wird, dem Problem des Buchstabenabstandes in unserer Zeit unter besonderer Berücksichtigung des abendländischen Kulturraumes vorbehalten war, kurz, aber wortkarg zusammenfassen: zur Festlegung der Laufweite (also des Buchstabenabstandes) gilt es, die Kriterien Schrift, Zeilenabstand, Schriftgröße, Textmenge und Zeilenbreite sowie den Leseabstand gleichermaßen zu würdigen und zu berücksichtigen.

NACHTRAG ZUM ZWEITEN KAPITEL

Die auf den ersten Blick verblüffende Erscheinung auf dieser Seite dient der Aufhellung einer weiteren Kleinigkeit, die häufig vorkommt und leider ebenso häufig vergessen wird: soll die Schrift negativ erscheinen, also wie hier weiß auf schwarz zum Beispiel, empfiehlt es sich, die Laufweite* etwas weiter zu gestalten. Als weithin bekannt darf ich die Tatsache voraussetzen, daß bei gleichen Mengen eine weiße Fläche größer wirkt als eine schwarze. Wenn aus den weißen Buchstabenabständen, die ja eigentlich ein Stück Hintergrund darstellen, schwarze Zwischenräume werden, dann erscheinen diese schwarzen Zwischenräume kleiner als zuvor die weißen. Was zu beweisen war.

*Der Text dieser Seite ist um eine Einheit offener gesetzt als die anderen Seiten.

LEIDER NOCH EIN NACHTRAG ZUM ZWEITEN KAPITEL, GEWISSERMASSEN KAPITEL 2 A.

GERADE steckt Florian, der hier im gleichen Atelier arbeitet, den Kopf zur Türe herein und erinnert mich daran, auch die *Unterschneidungen* zu erwähnen. Und das mir! Ich unterschnitt schon, als er noch dachte, in Ulm und um Ulm herum läge der Nabel der Designwelt. Nun, persönliche Rivalitäten mal zur Seite, ich setze einfach voraus, daß alle Leser dieses Buches wissen, was sogenannte *kritische* Buchstabenverbindungen sind. Ich möchte in diesem Zusammenhang darauf hinweisen, daß der Versuch der Flugzeugindustrie, unserem Gewerbe den Rang abzulaufen, indem sie erst in jüngster Zeit einen *super*kritischen Flügel lancieren, nichts daran ändern wird, daß wir, die Typografen, als erste von *kritischen* Verbindungen gesprochen haben. Es ist wirklich zu albern, solch ein Wort nun auch noch steigern zu wollen. Das erinnert mich an jenen kleinen Bäckerladen im Tiefparterre einer Kölner Nebenstraße, der sich über dem Schaufenster die Leuchtschrift »Backwaren-Center« zugelegt hat. Davon werden die Brötchen auch nicht größer.

Nun gut, über die Möglichkeiten des optischen Ausgleichs durch Verringern der Abstände bei bestimmten Kombinationen sind die Kollegen sicher unterrichtet. Allerdings ist das rechte Maß bei diesen Manipulationen oft Geschmacksache und bedeutet

Löwenwirt Lindner benutzte die Rikscha zum Roxi. Psychologisch celebrierte dort Fritz Flinck über „Whyst und Knoblauch im bayerischen Mesozoikum". Wulff Voigt wartete lang, bevor er als Notfall dem exzentrischen New Yorker Hannen Alt mit Enzian zapfte. Aber Olja wußte Zossen zu zähmen.

Löwenwirt Lindner benutzte die Rikscha zum Roxi. Psychologisch celebrierte dort Fritz Flinck über „Whyst und Knoblauch im bayerischen Mesozoikum." Wulff Voigt wartete lang, bevor er als Notfall dem exzentrischen New Yorker Hannen Alt mit Enzian zapfte. Aber Olja wußte Zossen zu zähmen.

VORHER   NACHHER

viel Mühe, was sich bei Setzereien, die diese Feinheiten anbieten, natürlich im Preis niederschlägt. Aber sollte uns nicht billig sein, was des Lesers Auge schont?

Falls es allmählich verdächtig wird, daß ich soviel Platz darauf verwende, eine allen bekannte Sache zu erwähnen, muß ich leider einen stilistischen Schnitzer meinerseits gestehen: zu Beginn dieses zweiten Kapitels führte ich eine Aufzählung ein mit dem Wörtchen »erstens...« Dann verbrachte ich einige Seiten auf den Buchstabenabstand, ohne nur ein einziges Mal zu einem »zweitens...« zu gelangen.

Hier ist es endlich:

Zweitens kann der Setzer schlechte Abstände, vor allem bei den sogenannten kritischen Buchstabenverbindungen, durch individuelles *Unterschneiden* korrigieren.

Und drittens (damit haben Sie nun überhaupt nicht gerechnet, gell?), drittens ist das inzwischen, dank hervorragender Ästhetikprogramme, automatisch zu bewirken. Wofür das vorliegende Büchlein ein Beweis ist.

Hörte der zweite Nachtrag zum zweiten Kapitel mit einer Entschuldigung auf, so fängt das dritte Kapitel mit einer an. Es geht schon wieder um Abstände! Tut mir leid, aber so sind die Dinge im Leben nun mal.

Da schlägt man ohne Argwohn und gleichzeitig nichts Böses denkend ein recht harmlos wirkendes Büchlein auf, dessen Titel Aufklärung über eine der ältesten Fragen unserer Zivilisation verspricht, und was muß man lesen, allen gegenteiligen Beteuerungen von wegen *Roman* und so zum Trotz? Jawohl, ich sage es klipp und klar: Tatsachen, Fakten, Zahlenmaterial. Wo bleibt da die Unterhaltung, wo die lockere kreative Art? Ohne Schweiß kein Preis, läßt sich hier der Volksmund vernehmen und Recht hat er! Die lockere, kreative Sache kann man eben nur betreiben, wenn man das Handwerkliche so gut drauf hat, daß es zum natürlichen Reflex gehört.

Nachdem also solcherart der rechte Abstand zu den Dingen wiederhergestellt ist, ein paar Sätze zum Zeilenabstand. Das vorliegende Layout ist, auch, was den Abstand zwischen den Zeilen betrifft, großzügig gehalten. *Durchschossen* nannte man das früher, heute hingegen wird nicht mehr geschossen, nein, auch der Zeilenabstand ist mit mehreren Stellen hinter dem Komma datenmäßig erfaßt, gespeichert

So sieht das aus mit geänderten Zeilenabständen!

DRITTES KAPITEL

HÖRTE der zweite Nachtrag zum zweiten Kapitel mit einer Entschuldigung auf, so fängt das dritte Kapitel mit einer an. Es geht schon wieder um Abstände! Tut mir leid, aber so sind die Dinge im Leben nun mal. Da schlägt man ohne Argwohn und gleichzeitig nichts Böses denkend ein recht harmlos wirkendes Büchlein auf, dessen Titel Aufklärung über eine der ältesten Fragen unserer Zivilisation verspricht, und was muß man lesen, allen gegenteiligen Beteuerungen von wegen *Roman* und so zum Trotz? Jawohl, ich sage es klipp und klar: Tatsachen, Fakten, Zahlenmaterial. Wo bleibt da die Unterhaltung, wo die lockere kreative Art? Ohne Schweiß kein Preis, läßt sich hier der Volksmund vernehmen und Recht hat er! Die lockere, kreative Sache kann man eben nur betreiben, wenn man das Handwerkliche so gut drauf hat, daß es zum natürlichen Reflex gehört.

Nachdem also solcherart der rechte Abstand zu den Dingen wiederhergestellt ist, ein paar Sätze zum Zeilenabstand. Das vorliegende Layout ist, auch, was den Abstand zwischen den Zeilen betrifft, großzügig gehalten. *Durchschossen* nannte man das früher, heute hingegen wird nicht mehr geschossen, nein, auch der Zeilenabstand ist mit mehreren Stellen hinter dem Komma datenmäßig erfaßt, gespeichert und jederzeit, sowie in den kleinsten Schritten, zu verändern.

Es gibt eine Regel, die besagt, daß Unter- und Oberlängen sich nie berühren dürfen.

Es gibt für diese Regel die Ausnahme, daß Berühren erlaubt ist, wenn's besser aussieht.

Schrift: LoType schmalhalbfett auf Mitte

Bemerkungen: Titelsatz sehr eng!

Wie schon beim Buchstabenabstand gibt es auch hier allgemeine, vom künstlerisch begabten Leser leicht nachzuempfindende Regeln und darüber hinaus wieder ein paar jener kleinen Tricks, deren Beherrschen auch an sonst trüben Tagen zu kleinen Erfolgserlebnissen führt. Besonders, wenn man den Vorher-nachher-Effekt den jüngeren, noch nicht so versierten Kollegen vorführt und dafür viele entzückte *ah*- und *oh*-Rufe erntet. Die Typografie ist eben unter den Wissenschaften nicht die geringste,* auch wenn der kritische Journalismus sie bislang nur benutzt, aber nicht würdigt.

Das Allgemeine zuerst. Die einfachste Regel ist ja wohl die, daß sich Unter- und Oberlängen nicht berühren sollen. Bei Titelzeilen tritt diese Grundregel natürlich mitunter außer Kraft, weil manchmal trotz Ober- und Unterlängen ein inniges Berühren in Kauf genommen werden muß, um den Zeilen optische Kraft und Entschiedenheit zu verleihen. Manchmal kommt nur eine Unterlänge in der ersten oder nur eine Oberlänge in der folgenden Zeile vor. In diesem Fall und sogar in dem extremen Fall, daß nur *eine* Unterlänge wiederum nur *einer* Oberlänge gegenübersteht, tritt der sogenannte 1. Spiekermannsche Lehrsatz in Kraft, der folgendes besagt:

»*Gibt es bei zwei mit geringem Abstand nacheinander folgenden Zeilen auch nur jeweils* eine *Unter- und Oberlänge, so treffen diese beiden in 99 Prozent der Fälle aufeinander und überlappen mehr oder weniger.*«

---

* *Inter scientias non minima est typographica.*

*In der Architektur ist es wie in der Typografie:
zeitlos heißt oft nichts anderes als langweilig.*

*Phantasievolle Häuser sehen nicht nur schöner aus,
sondern sie sind auch menschlicher
als 80 Buchstaben Univers 39 in einer Zeile.*

Eine weitere Grundregel besagt, daß je länger die Zeilen sind, desto größer wird der Zeilenabstand. Immer muß deutlich bleiben, daß Zeilen in unserer lateinischen Schrift waagerecht und vor allem von links nach rechts gelesen werden. Um vom Ende einer normal langen Zeile, wie in diesem Buch, zum Anfang der nächsten Zeile zu gelangen, muß schon genügend Abstand sein, sonst verliert das Auge die Führung und verirrt sich im Text unter Auslassung oft sinnentscheidender Satzteile. Es gibt Leute, die schreiben den Serifen, also diesen kleinen waagerechten Endstrichen an den Buchstaben die Funktion zu, das Auge (warum eigentlich immer nur eins – aber so sagt man halt) in waagerechter Richtung gewissermaßen zu leiten, also bei der Stange zu halten. Grundsätzlich, muß ich gestehen, ist mir egal, ob das der Grund ist, warum Serifenschriften bei längeren Texten angenehmer wirken. Ich denke eher, daß es auch etwas mit der schmückenden Funktion dieser kleinen Striche zu tun hat. Serifen sind irgendwie die Blumen am Balkon des Buchstabens, dagegen haben die perfekten, *zeitlosen* Groteskschriften, also die ohne Serifen, oft nur den Charme einer sauberen, aber langweiligen Vorstadtstraße.

So, wie es Architekten gibt, die der einfallslosen aber profitgerechten Betonarchitektur vergangener Wirtschaftswunderzeiten endlich phantasievolle Gebäude entgegensetzen, so ist auch in der Typografie deutlich zu erkennen, daß subtile Ausdrucksmöglichkeiten wieder geschätzt werden, wenngleich jedoch nach wie vor viele Drucksachen nicht typografisch

Wenn er meint, daß es ihn betrifft, liest der Mensch alles. Deshalb ist Lesegeschwindigkeit eigentlich kein Kriterium. Vielleicht hofft man, bei Untersuchungen darüber Grundsätzliches zu entdecken, Elemente zum Beispiel, deren Einfluß eine Schrift ad hoc lesbar machen. Aber dazu ist das Kräftespiel der Buchstaben zu komplex. Dieselbe Type, je nachdem ob auf glattem oder rauhem Papier gedruckt, erzielt eine andere Lesegeschwindigkeit. Auch ist für jede Sprache ein anderes Alphabet vorteilhafter. Dem einzelnen Leser mag es gleichgültig sein, ob er »Krieg und Frieden« ein wenig früher oder später beendet. Echte Unleserlichkeit dagegen, die das Lesen längerer Texte auch bei vorhandener Bereitschaft zur Qual macht oder sich bei einzelnen Wörtern gar auf den Spürsinn der Leser verläßt, sollte dagegen allen ein Greuel sein. Das menschliche Ohr hat ein Gespür für falsche Töne, nur wenigen Menschen geht jedoch ein Schauer den Rücken hinunter, wenn sie schlechte Formen sehen. Bei Schrift lohnt sich in den meisten Fällen eine Diskussion nicht: Fachleute mit Erfahrung im Sehen sind sich sehr häufig ohne Worte einig. Auge und Schrift haben sich in Jahrtausenden aufeinander abgestimmt. Fast jeder Laie ist daher – angeregt durch gezielte Fragen des Fachmannes – in der Lage, optische Feinheiten zu erkennen. Die meisten vermögen so auch richtige Merkmale wie Schwung, Eleganz und Lesbarkeit zu erkennen.

Ein werbender Text braucht Hervorhebungen, sonst erlahmt des Lesers Interesse zu schnell.

Schrift: Original Century
SG: 9 · ZAB: 4,00 WZ: 12 LW: +1
Bemerkungen: Blodwetz H 81 mm

gestaltet, sondern technokratisch entschieden werden. Um mit einer ausdrucksstärkeren Schrift Stellung zu beziehen, braucht es eben mehr Mut und handwerkliches Können, als sich mit der Helvetica im Wege des geringsten Widerstandes teilnahmslos aus der Affäre zu ziehen.

Polemik, Polemik! Wo bleiben die in diesem dritten Kapitel vorgesehenen Erläuterungen zum Zeilenabstand? Das Grundsätzliche ist gesagt, bleibt nur hinzuzufügen, daß nichts über eine Probeabsetzung in verschiedenen Abständen geht, falls man sich auf die anderen Dinge wie Schrift, Größe, etc. schon geeinigt hat. In Erwartung eines Auftrages wird jede gute Setzerei diesen Dienst am Kunden (und damit an der Kunst) gerne leisten.

Wenden wir uns also den versprochenen kleinen Tricks zu. Angenommen – das kann nie schaden – wir haben eine schmale Spalte mit linksbündigem Satz für einen Text, der schnell erfaßt werden soll, also werblichen Zwecken dient. Dieser Text in einer flotten, aber gut lesbaren Schrift – sagen wir mal Century – kann nun recht kompreß gesetzt werden, auch beim Buchstaben- und Wortabstand (darüber später mehr) können wir es eng halten. Nun braucht dieser Text natürlich einige Zwischenüberschriften. Wir können jetzt in der gleichen Größe wie der Text einen halbfetten oder fetten Schnitt der Century nehmen, wir können die Grundschrift beibehalten, aber in einer anderen Farbe drucken, wir können Versalien der Grundschrift verwenden (und die dann etwas offener setzen) und noch einiges mehr. Aus verschiedenen

Der Mensch liest alles

Wenn er meint, daß es ihn betrifft, liest der Mensch alles. Deshalb ist Lesegeschwindigkeit eigentlich kein Kriterium. Vielleicht hofft man, bei Untersuchungen darüber Grundsätzliches zu entdecken, Elemente zum Beispiel, deren Einfluß eine Schrift ad hoc lesbar machen.

Komplexes Kräftespiel der Buchstaben

Aber dazu ist das Kräftespiel der Buchstaben zu komplex. Dieselbe Type, je nachdem ob auf glattem oder rauhem Papier gedruckt, erzielt eine andere Lesegeschwindigkeit. Auch ist für jede Sprache ein anderes Alphabet vorteilhafter. Dem einzelnen Leser mag es gleichgültig sein, ob er »Krieg und Frieden« ein wenig früher oder später beendet.

Echte Unleserlichkeit schafft Qual

Echte Unleserlichkeit dagegen, die das Lesen längerer Texte auch bei vorhandener Bereitschaft zur Qual macht oder sich bei einzelnen Wörtern gar auf den Spürsinn der Leser verläßt, sollte dagegen allen ein Greuel sein. Das menschliche Ohr hat ein Gespür für falsche Töne, nur wenigen Menschen geht jedoch ein Schauer den Rücken hinunter, wenn sie schlechte Formen sehen.

Schrift braucht Erfahrung im Sehen

Fachleute mit Erfahrung im Sehen sind sich sehr häufig ohne Worte einig. Auge und Schrift haben sich in Jahrtausenden aufeinander abgestimmt. Fast jeder Laie ist daher –

So geht es schon viel besser, allerdings entsprechen die Zwischenüberschriften noch nicht unseren typografischen Ansprüchen.

Hier tun sie es: jede Schrift hat die Behandlung, die sie verdient und der Text ist in appetitliche Happen unterteilt.

Gründen, deren Erörterung hier leicht ein eigenes Kapitel einnehmen könnte, entscheiden wir uns nun aber dafür, diese Zwischenüberschriften aus einer fetteren, serifenlosen Schrift zu setzen, die mit der Century harmoniert, sie aber trotzdem etwas lautstärker unterstützt.

Franklin Gothic ist hier die Wahl. Legen wir bei diesen, meist nur zwei, drei Zeilen tiefen Zwischenüberschriften nun die gleichen Maßstäbe für den Zeilenabstand an wie beim Text? Also Unterlängen die Oberlängen nicht berühren plus ein bißchen Luft? »Igittigitt!« höre ich den Leser ausrufen. Der verhältnismäßig richtige, aber als Ganzes gesehen zu große weiße Raum zwischen den Zeilen der Überschrift reißt diese auseinander, statt ihr Würze zu geben. Also: weniger als kompreß und auf die Auswirkungen des 1. Spiekermannschen Lehrsatzes achten!

Zufrieden?

Soweit der eine Trick, für die meisten guten Setzer, Grafiker und Typografen sicherlich ein alter Hut. Aber, wer weiß, wozu's gut ist, auch die alten Sachen hin und wieder hervorzukramen! Noch eine weitere typografische Feinheit möchte ich vorführen, betrifft sie doch gerade eines der klassischen Arbeitsgebiete des Grafikers, den Satz eines Briefbogens.

Wobei natürlich klar ist, daß die Anmerkungen über diese spezifische Anwendung hinaus auch für die typografischen Arbeiten gelten, die bislang von den Grafikern gemieden und den Setzern, Druckern und Formularherstellern überlassen werden. Die Formulare meine ich und die kleinen Drucksachen für den

Fünf verschiedene Schriften; linksbündig, mittelachsig, kopfstehend und jedes Wort aus einer anderen Größe – die Oper als Hort abendländischen Kulturgutes?

Im Prinzip nur Richtschnur, von vielen leider als gestalterische Zwangsjacke verkannt – der DIN-Briefbogen.

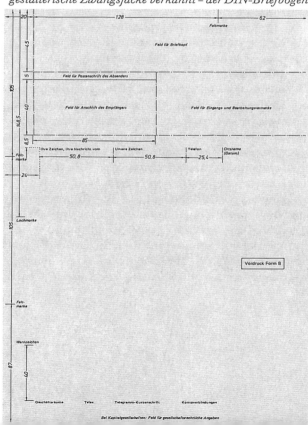

täglichen Gebrauch: Eintrittskarten, Kontrollzettel, Gebrauchsanweisungen, Garantiescheine, Quittungen. Warum müssen die eigentlich immer aussehen wie *Hund*?* Der Verdacht liegt nahe, daß sich hierfür die Kreativen zu schade sind, daß sie vielleicht kapitulieren, wo es auf den Viertelmillimeter ankommt und auf jedes Wort. Als Entschuldigung gilt jedoch, daß auch die Auftraggeber nicht gewilligt sind, diesen Kleinigkeiten Aufmerksamkeit zu widmen, geschweige denn Geld. Und ohne Honorar wird Arbeit zum Hobby – da hört der Spaß dann aber wirklich auf!

Wer andererseits mal die Visitenkarte für den Herrn Vorstandsvorsitzenden entworfen hat, weiß, daß dieser mit Argusaugen jedes Detail seiner Karte prüft. Da geht kein Strichpunkt für ein Komma, kein Gedankenstrich für eine Klammer durch. Wehe, ein Titel ist falsch abgekürzt oder der Zwischenraum zwischen Vorwahl und Privatnummer zu klein! Ob statt der im Erscheinungsbild verordneten Concorde aus Versehen die Garamond genommen worden ist, interessiert schon weniger, beziehungsweise fällt niemandem auf. Nur wir typografischen Besserwisser kämpfen tapfer gegen diese Windmühlenflügel laienhaften Unverstands und halten sie für die Bedrohung unseres abendländischen Kulturerbes schlechthin. In diesem Kampf – welch elegante Wendung – hat nun der Briefbogen eine hervorragende Stellung inne; sozusagen als Bastion des guten Geschmacks, seit

* *»...sieht aus wie Hund«*
Dipl. soz. Michael Hoeppner,
Berlin, 1981

TRAUWO Verwaltungs-AG   Handelsregister
Bei der Labmühle 26   HRB 1694 Mainz
Postfach 1603   BfG: Mainz
6500 Mainz   BLZ 630 606 11
Telefon 0 61 31/28 01   Konto 105 816 600

*Wenn der Zeilenabstand zu eng ist, wirkt er bei
Zeilen mit vielen Oberlängen ungleichmäßig.*

TRAUWO Verwaltungs-AG   Handelsregister
Bei der Labmühle 26   HRB 1694 Mainz
Postfach 1603   BfG: Mainz
6500 Mainz   BLZ 630 606 11
Telefon 0 61 31/28 01   Konto 105 816 600

Etwas mehr Abstand behebt das Schlimmste.

TRAUWO Verwaltungs-AG   Handelsregister
Bei der Labmühle 26   HRB 1694 Mainz
Postfach 1603   BfG: Mainz
6500 Mainz   BLZ 630 606 11
Telefon 0 61 31/28 01   Konto 105 816 600

*Jeweils ein anderer Zeilenabstand ist natürlich
vom Feinsten.*

Trauwo Verwaltungs-AG   Handelsregister
Bei der Labmühle 26   HRB 1694 Mainz
Postfach 1603   BfG: Mainz
6500 Mainz   BLZ 630 606 11
Telefon 0 61 31/28 01   Konto 105 816 600

*Mit Mediävalziffern und Kapitälchen gibt es von
vornherein weniger Probleme.*

1234567890
1234567890

*Futura im Bleisatz früher, Syntax im Fotosatz heute:
Mediävalziffern auch bei serifenlosen Schriften.*

Schrift: Sabon normal / Sabon Kapitälchen
SG: 7 / 7   ZAB: 2,50–3,00 / 2,75   WZ: 8 / 8   LW: 0 / 0
Bemerkungen: mit individuellem ZAB im 3. Absatz!

Generationen belagert und berannt von Bürokraten, DIN-Fetischisten, Vorstandsvorsitzenden und Heidelberger Tiegeln.*

Nehmen wir nun als Beispiel den Absatz aus dem Briefbogen, der die wichtigsten Informationen enthält: Anschrift, Telefonnummer und Konto. Wir haben also viele Ziffern, Versalien (oft als Abkürzungen) und Zeichen wie Bindestrich, Schrägstrich, Doppelpunkt, mittelstehender Punkt. Irgendeiner merkwürdigen Gesetzmäßigkeit folgend, erscheinen hier oft Zeilen ganz ohne Unterlängen, was die Problematik des angemessenen Zeilenabstandes noch verschärft. Ein wenig mehr Luft zwischen den Zeilen leistet bei langen Ziffernfolgen schon viel; der schönste Weg, dieses Problem nicht erst aufkommen zu lassen, ist der Satz mit Mediävalziffern,** die es Gott sei Dank für viele Schriften (wieder) gibt. Diese Ziffern benehmen sich wie gewöhnliche Buchstaben: sie haben Unter-, Mittel- und Oberlängen und passen sich damit dem Bild der Schrift harmonisch an. Zu diesen Ziffern gehören Kapitälchen, jene kleinen, zurückhaltenden Großbuchstaben, die bei Abkürzungen die löcherreißenden Versalfolgen vermeiden können.

Warum gibt es eigentlich keine Mediävalziffern für unsere neuen Schriften? Jetzt sage keiner, das ginge nicht, weil mit den klassizistischen Schriften die

---

* *Für die jüngeren Typografiefreunde: Buchdruckmaschine, vor allem zum Druck von Geschäftspapieren eingesetzt.*

** *auch Minuskel-, Charakter-, Alt- oder gemeine Ziffern genannt.*

Eine gewachsene Stadt erkennt man schon am Umriß – auch ein bekanntes Wort muß man nicht erst buchstabieren.

Die konstruierten Neubaugebiete haben kein eigenes Bild mehr – oder wissen Sie, wie diese Stadt heißt?

Ziffern auf Versalhöhe eingeführt wurden. An Futura, Helvetica und Univers hat schließlich im 18. Jahrhundert niemand gedacht. Da wir bekanntlich Wortumrisse wahrnehmen, können diese Ziffern mit ihrem lebhaften Umriß auch der Lesbarkeit dienen, doch hätten diese Erörterungen weiter vorne, im Kapitel die Schriftart betreffend, stattfinden sollen; wir befinden uns hier bereits beim Zeilenabstand und wollen ihn endlich zu einem guten Schluß bringen. Deshalb also eine Zusammenfassung, die der zum Thema Laufweite sehr ähnlich sieht: der richtige Zeilenabstand wird bestimmt durch Schrift, Zeilenlänge (alias Satzbreite), Laufweite, Schriftgröße sowie das Umfeld (Versalzeilen in einem gemischten Text zum Beispiel).

Je mehr Verkehr, desto breiter die Straße; je länger die Zeile, desto größer der Zeilenabstand. Umgekehrt gilt natürlich auch, je breiter die Straße, desto mehr Verkehr. Will man also – um im Bild zu bleiben – den Leser nicht zum ungestörten Weiterfahren (im Buch zum Beispiel), sondern zum Aufhorchen anregen, dann wirkt eher die kurze Zeile mit knappem Zeilenabstand. Das darf dann jedoch keine langatmigen Satzgefüge geben, wie mitunter in diesem Buch, wo sich oft Nebensatz an Nebensatz reiht, nur durch den unscheinbaren Beistrich* getrennt, wobei oft dem Geist der Atem ausgeht, bevor die Syntax die Kurve richtig genommen hat.

Komma

VIERTES KAPITEL

WIE nun bereits zweimal vorgeführt, kann keine typografische Größe bestehen, ohne nicht mit allen anderen Variablen abgestimmt und für den jeweiligen Zweck für richtig befunden zu sein. Bevor die große Langeweile über uns kommt, weil es jetzt schon wieder eine Größe gibt, die bestimmt sein will, noch ehe der Setzer den ersten Tastenschlag tut, will ich flugs eine kleine Geschichte zum Besten geben, die sich neulich im Bäckerladen nebenan ereignete. Das heißt, so genau hat sie sich wahrscheinlich nicht ereignet, beziehungsweise ich war gar nicht anwesend, als sich die Geschichte zutrug – vielmehr, ich weiß auch nicht, ob sie sich überhaupt zugetragen hat; jedenfalls ist es eine gute Geschichte, leider etwas kurz, aber doch von erheblicher Relevanz, was dieses Kapitel betrifft.

Nun gut, da kommt also dieser Mann in die Bäckerei und sagt zur Verkäuferin: »Ich hätte gerne sieben Brötchen.« Darauf die Verkäuferin: »Nehmen Sie doch acht, da haben Sie eins mehr!«

Wenn ich jetzt noch einmal in Erinnerung rufen darf, daß in diesem Kapitel die besondere Problematik des Wortabstandes abgehandelt werden soll, wird jeder gleich merken, warum diese kleine, harmlose Geschichte doch so viel aussagt. Es ist nun wirklich nicht egal, ob man nur sieben oder aber acht Brötchen mit zum Frühstück bringt. Entweder ist eins zuviel, es bleibt liegen, wird hart und verursacht entweder

Magere Schriften mit
großen Innenräumen können
auch größere Wortabstände
vertragen.

**Bei normalen Schriften
würden zu große Wort-
abstände unangenehme
Lücken reißen.**

**An dieser knappen
Botschaft kommt
niemand ungelesen
vorbei – keine gähnende
Lücke stört den
Lesefluß.**

**GanzohneAbstände
kannmannur
schwererkennen,
welcherSinnsich
hinterdenZeilen
versteckt.**

Schrift LoType mager / normal				
LoType h'fett / fett				
SG	ZAB	WZ		LW
8° / 8°	3,25 / 3,00	13 / 10		0 / 0
8° / 8°	2,75 / 2,75	7 / 0		0 / 0

Im Fernsehen wird doch auch alles wiederholt!

Paniermehl oder ein recht schlechtes Gewissen, weil woanders die Leute sich die Finger nach so einem Brötchen lecken würden. Oder jemand kommt unangemeldet zu Besuch, wird zum Frühstück eingeladen und bringt alle Schätzungen durcheinander, dann ist doch ein Brötchen zu wenig und das Kind geht mit knurrendem Magen in die Schule.

So ähnlich verhält es sich mit dem Wortabstand. Er wird in unserer Zeit zwar nicht in Brötchen, sondern in Einheiten gemessen, erlaubt aber durch die willkürliche Handhabung mit seiner relativen Größe selbst Fachleuten, sich arg zu verschätzen. Ein paar Faustregeln will ich verraten, um den Wortabstand nicht immer über den Daumen peilen zu müssen. (Wie mische ich heute wieder meine Metaphern!)

Flotte Bilder mit Hühnereiern oder Kaffeetassen fallen mir dazu zwar nicht ein, wohl aber ein anderes Beispiel, das geschickt an die Zaunbilder anknüpft. Aber das sehen Sie ja selbst. (Es ist ein Prinzip dieses Buches, die Illustrations- und die Erzählebene nicht zu vermischen, sondern jede soll für sich leben können.)

Früher – zu Bleizeiten – war's schon toll, wenn Drittelsatz gesetzt wurde, wenn der Wortabstand also ein Drittel des Gevierts betrug. Gevierte gibt es auch im Fotosatz noch, wenngleich eigentlich nicht meßbar, aber im Prinzip handelt es sich um das Quadrat aus der maximalen Höhe vom Versalakzent bis zur Unterlänge. Bei 8 Punkt Schriftgröße im ADS-System von Berthold ist dieses Geviert beispielsweise 3 mm hoch und breit. Da dieses Geviert nun 48 Einheiten hat, wäre ein Wortabstand von 16 Einheiten jenes

Dieses ist eine Schriftprobe der ITC-Cheltenham Buch schmal, gesetzt in 9 Punkt mit 3,75 mm Zeilenabstand. Der Wortabstand beträgt hier 12 Einheiten, die Laufweite ist +1. In jeder Zeile sind im Durchschnitt 64 Zeichen, alles linksbündig auf eine maximale Breite von 87 mm gesetzt. Dieses ist eine Schriftprobe der ITC-Cheltenham Buch schmal, gesetzt in 9 Punkt mit 3,75 mm Zeilenabstand. Der Wortabstand beträgt hier 12 Einheiten, die Laufweite ist +1. In jeder Zeile sind im Durchschnitt 64 Zeichen, alles

Diese Schriftprobe zeigt ebenfalls die ITC-Cheltenham Buch schmal, gesetzt in 9 Punkt, aber jetzt mit einem Zeilenabstand von 3,25 mm. Wortabstand nur noch 8 Einheiten, Laufweite Null, linksbündig auf höchstens 46 mm. Diese Schriftprobe zeigt ebenfalls die ITC-Cheltenham Buch schmal, gesetzt

Hier sehen Sie eine Schriftprobe der 9 Punkt Avant Garde Gothic Buch mit einem Zeilenabstand von 4,00 mm. Der Wortabstand hat jetzt immerhin 16 Einheiten, die Laufweite ist wieder +1. Jede Zeile hat im Durchschnitt 50 Zeichen, Satzart ist linksbündiger Flattersatz auf eine maximale Breite von 85 mm. Hier sehen Sie eine Schriftprobe der 9 Punkt Avant Garde Gothic Buch mit einem Zeilenabstand von

Die gleiche Schrift, also Avant Garde Gothic Buch 9 Punkt, diesmal im Zeilenabstand von 3,50 mm gesetzt. Der Wortabstand hat sich auf 11 Einheiten verringert, die Laufweite ist Null. Der linksbündige Satz hat die höchste Breite von 45 mm. Die gleiche Schrift, also Avant

Drittelgeviert, das früher als eng gesetzt galt. Heute dagegen laufen die Schriften alle etwas enger, und wie man bisher schon einige Male lesen konnte, sind alle Größen voneinander abhängig, bei engerer Laufweite gibt es also kleinere Wortabstände. Kürzere Zeilen brauchen kleinere Wortzwischenräume (so kann man sie auch nennen), kleinere Wortzwischenräume verlangen nach geringerem Zeilenabstand. Das macht aber nichts, weil ein geringerer Zeilenabstand sowieso kleinere Wortabstände verlangt, von den Buchstabenabständen (oder Laufweite!) einmal ganz zu schweigen.

Verwirrt? Es kommt noch schlimmer. Schmale Schriften brauchen nämlich weniger Luft (beziehungsweise Papier) zwischen den Wörtern als breite, fette weniger als magere. Wieder, wie schon bei der Laufweite, hat das was zu tun mit den Innenräumen der Buchstaben. Der Abstand zwischen den Wörtern muß deutlich trennen, also größer als ein Buchstabenabstand sein, aber auch wiederum nicht zu arg, denn wir lesen Wortgruppen, nicht einzelne Wörter.

In jenem weiter vorne erwähnten System ist ein Wortabstand von 12 Einheiten (also einem Viertelgeviert) bei Normalschriften und durchschnittlichen Zeilenlängen in Ordnung. Bei kurzen, linksbündigen Zeilen mit knappen Texten (Broschüren oder Anzeigen etwa) können auch acht Einheiten genügen, also ein Sechstel des Gevierts. Besonders raffiniert wird es, will sich der Gestalter auch noch in Details einmischen wie dem zusätzlichen Zwischenraum bei der Gliederung von Telefonnummern, links und rechts

SPRACHE WIRD DURCH
SCHRIFT ERST SCHÖN, AUCH
WENN DIE WORTABSTÄNDE
HIER VIEL ZU ENG SIND.

MIT ETWAS MEHR RAUM
ZWISCHEN DEN WÖRTERN
UND EIN WENIG MEHR
ZEILENABSTAND KANN MAN
DIESEN TEXT SCHON ETWAS
BESSER LESEN.

ANDERERSEITS SIND DIESE
VIELEN VERSALZEILEN DER
LESBARKEIT ALLGEMEIN
EHER ABTRÄGLICH. ABER
SIE HABEN'S GELESEN,
ODER?

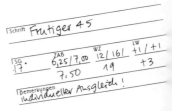

von mittelstehenden Punkten, nach Abkürzungspunkten und so fort. Irgendjemand muß dem Computer schließlich sagen, wer der typografische Chef ist.

Für den Titelsatz gilt immer noch, was schon in den Lehrbüchern der 60er Jahre stand: Wortabstand so groß wie ein gemeines *i* der jeweiligen Schrift. Daß dabei etwaige Leerräume vor oder nach *W, T,* nach Interpunktionen und so weiter berücksichtigt werden müssen, ist ja alle Male klar.

Und eine letzte Feinheit: Versalzeilen, von denen hier schon die Rede war, den zusätzlichen Zeilenabstand betreffend, werden etwas weiter gesetzt als gemischter Text (auch davon war die Rede) und wirken durch die größeren Innenräume ohnehin offener und leichter als normale Zeilen. Der normale Wortabstand – sagen wir mal 12 Einheiten – fällt dann kaum auf, sondern macht aus einzelnen Wörtern Bandwürmer ohne Atempausen. Also lieber zwei Einheiten dazu und es stimmt wieder.

Aufatmen! Ein schwieriges Kapitel ist auf dem vorgesehenen Platz untergebracht, weiter kann es gehen, wer jetzt noch mitliest, gehört sowieso zum harten typografischen Kern. Den kann nichts mehr erschüttern. Ich verspreche trotzdem, daß es noch einige mehr unterhaltsame Seiten werden, aber die harten Fakten nicht zu kurz kommen. Aber was rede ich, das könnte doch alles schon Platz schinden im nächsten, dem fünften Kapitel. Alsdann!

Objekt	TypoRoman, 2. Auflage deutsch.

Schrift	Walbaum Standard mit Caps
	Walbaum Standard kursiv

SG	ZAB	WZ	LW
9° (vH 2,40)	4,25	13	0
8°	3,50	12	0

Satzart und Satzbreite: Blocksatz auf 81 mm

Linien: s. AV-Blätter   Format: 123 × 185 mm

Sonstiges:

Auszeichnungen im laufenden Text
aus 9° kursiv, WZ 12 E, sonst
wie normaler Text.
Satz mit Ästhetik – glatte Kante
links & rechts;
nie mehr als zwei Divis nachein=
ander!

Endprodukt	Offsetfilm	
Bearbeiter	Erik	Termin: subito (2.5.86)

So hätte das Typogramm für dieses Buch aussehen können.

FÜNFTES KAPITEL

IRGENDWIE habe ich das Gefühl, daß der Anspruch, gerade kein trockenes Sachbuch zu schreiben, aber auch keinen chaotischen, stark autobiografisch geprägten Erlebnisroman, daß dieser Anspruch dazu geführt hat, die in der Natur der Dinge liegende Gliederung arg zu vernachlässigen. Diese Gliederung ergibt sich nicht aus literarischer, sondern aus satztechnischer Notwendigkeit. Vor dem Setzen sollte ein Typogramm vorhanden sein mit allen Satzangaben (Parametern, wie das heutzutage heißt) für die Gestaltung.

Am Anfang nennt man am besten die Schrift, aus der gesetzt werden soll, dann den Schnitt – also normal, halbfett o. ä. –, dann die Schriftgröße, dann den Zeilenabstand. Jetzt die Laufweite, den Wortabstand, die Satzart (linksbündig, Blocksatz usw.) mit der maximalen Zeilenlänge. Außerdem Festwerte wie Leerzeilen, Einzüge, Seitenziffern, Zwischenüberschriften, Unterstreichungen und dergleichen. Nun noch Besonderheiten, zum Beispiel Mediävalziffern, andere Laufweite bei Versalzeilen, kleinere Wortabstände bei Zahlenfolgen oder ähnlichem, gewünschte oder unerwünschte Trennungen, und der Setzer hat kaum noch Grund für Rückfragen.

Wie derweil auch dem literarisch unerfahrenen Leser klar sein muß, ist diese Gliederung bisher willkürlich so verbogen worden, daß sie schier unkenntlich ist. Mit etwas gutem Willen allerdings läßt sich auch im bisher Vorgebrachten eine gewisse Ordnung erkennen. Nämlich ich bin vom kleinsten Element, dem Buchstaben, ausgegangen – er steht dabei stellvertretend für die Schrift, aus der er stammt. Vom Buchstaben und seiner Form ging es dann zum Abstand desselben, also zur Laufweite. Und da wir bei den Abständen waren, folgten darauf kurze Betrachtungen zuerst über den Zeilenabstand, danach über den Wortabstand. Schriftgröße und Schriftschnitt sind irgendwie draußen geblieben. Ich schlage deshalb vor, zunächst die Schriftgröße zu betrachten, was wieder nicht ganz konsequent ist, denn eigentlich müßte erst die Zeilenlänge abgehandelt werden, wie es auch in der Reihenfolge der Mitwirkenden vorgesehen war. Aber jetzt ist mir mehr nach Schriftgröße. Damit basta! Schließlich verlangt die Freiheit der Kunst, daß wir Autoren hin und wieder unzensiert und unwidersprochen unlogisch sein dürfen. (Hier sieht man es wieder mal: die Leute in den Medien können machen, was sie wollen, der Dumme ist der kleine Sparer.*)

Doch genug, letztendlich steht das typografische Gemeinwohl auf dem Spiel, da muß es auch mal ernst, aber gelassen zugehen.

Zur Schriftgröße wäre das gleiche zu sagen, wie zu allen vorher erwähnten Maßen, Größen und Abständen: alleine gesehen, ist sie nichts wert. Oft genug wird die Größe der Schrift nur danach bestimmt, ob sie einen vorgegebenen Platz füllt. Wer eine teure Doppelseite in der Illustrierten bezahlt, will für sein

Volksmund, Frankfurt/Main 1973

Geld auch die Fläche genutzt, das heißt gefüllt sehen.* So kommt es, daß plötzlich in der Straßenbahn Leute mit weit ausgestreckten Armen die Zeitschrift lesen, nur weil jemand das bißchen Text, das dem Texter einfiel, auf zwei Seiten verteilen muß und da-

* *Angst vor dem leeren Raum, horror vacui*

bei auf 72
ße Textsch
Heftige se
bewegung
ftige Ober
dert solche

Punkt gro
ift kommt.
liche Kopf
en und krä
rme erfor
Typografie

bein

eser

sich

n L
der
mit

angelndem Interesse am Inhalt bedankt. Wir lernen daraus, daß die Schriftgröße dem Leseabstand entsprechen muß. Eine Binsenweisheit, die aber oft vergessen wird. Genauso banal ist es – und ebensooft vergessen –, daß es verschiedene Arten von Texten gibt, die jeweils verschiedene Zwecke verfolgen. Der ordentliche Typograf Schweizer Prägung unterscheidet zwischen *Konsultationsgröße* (6 bis 8 Punkt), *Lesegröße* (9 bis 12 Punkt) und *Schaugröße* (ab 14 Punkt). Na bitte – es müßte doch jeder Texter seinem Art Director klarmachen können, ob der Text nun lediglich konsultiert, intensiv gelesen oder bloß angeschaut werden soll. Wobei anschauen natürlich mit etwas geistiger Bewegung verbunden sein sollte.

Die angeführten Größen sind allerdings mit Vorsicht zu genießen. Bertholds 9 Punkt ist zum Beispiel Linotypes 8½ Punkt, was die Poppl-Pontifex mit 8 Punkt schafft, bringt die Garamond erst mit 9, je nach System, je nach Schrift, ja sogar unsere alten Bekannten Zeilenabstand und Laufweite können eine Schrift größer oder kleiner erscheinen lassen.

Eine seltsame Erscheinung gibt es in diesem Zusammenhang: es ist bestimmt jedem schon einmal aufgefallen, daß bei in der gleichen Zeile gemischten normalen und fetten Schnitten derselben Schrift die **fettere Schrift** immer etwas kleiner wirkt als die magere. Wie schon beim Buchstabenabstand, so ist auch hier die Erklärung bei den engen Innenräumen der fetten Schriften zu suchen, die für diesen optischen Schrumpfeffekt verantwortlich sind. Die Designer von Fotosatzschriften haben das auch gemerkt (obwohl nicht alle) und zeichnen jetzt die Mittellänge bei **fetteren Schnitten** zunehmend etwas größer als bei den mageren. Mit der stufenlosen Schriftgrößeneinstellung auf modernen Systemen kann der feinfühlige Typograf hier seinerseits beweisen, was er vom Fach versteht, indem er die **fetteren Schnitte** etwas größer setzen läßt. Solche Kleinigkeiten sind es, die einem bei guten Setzereien Achtung einbringen. Nur schlechte Setzereien empfinden es als pingelige Zumutung, so ins Detail zu gehen.

Nun noch mal zusammengefaßt (jawohl, wie im Sachbuch!), worauf es beim Bestimmen der Schriftgröße ankommt: Texte, mit denen wir nur kurze Zeit verbringen, also Telefonbücher, Lexika, Fußnoten und ähnliches können – je nach Schrift – in 6 bis 8 Punkt gesetzt werden. Mit Lesetext gehen wir länger um, er muß leicht erfaßbar sein ohne den Leser zu ermüden, darf aber auf der anderen Seite nicht unwirtschaftlich sein und zuviel Platz beanspruchen. Schriften ab 14 Punkt müssen schon etwas Wichtiges ausdrücken oder auf eine größere Entfernung zu lesen sein. Das gilt unter anderem für Plakate, Bucheinbände, Überschriften und sonstige Titel. Diese großen Schriften im normalen Leseabstand (etwa 35 cm) kann kein normalsichtiger Mensch mehr lesen, allenfalls buchstabieren.

Was nun überhaupt nicht behandelt wurde, sind so knifflige Fragen wie das Verhältnis verschiedener Größen zueinander, oft ausgedrückt in Dreisatz-Aufgaben. Wenn der Text in 10 p Garamond gesetzt und die Spalte 85 mm breit ist, wie groß müssen die Kapite-

Erik Spiekermann

Ursache & Wirkung:
ein typografischer Roman

Text auf Stereo Druck beiden Seiten

Seitendiagonale 222 mm

**Bild links
Text rechts**

H. Berthold AG
Berlin

115 Minuten Lesedauer

lüberschriften sein? Müssen Überschriften überhaupt groß sein? Könnte nicht mal der Text größer und die Auszeichnungen kleiner, dafür aber fetter oder mit viel weißem Raum umgeben sein? Was heißt eigentlich groß? Sollte bei Büchern, genauso wie bei Fernsehern, nicht die Bild- bzw. Satzspiegeldiagonale angegeben sein, dazu der optimale Leseabstand und die voraussichtliche Lesedauer sowie der Verständnisquotient und für alle Fälle der Unterhaltungsgehalt in Milligramm, vom Bundesgesundheitsministerium festgelegt?

Mit dem Kopf voller Fragen will ich dieses Kapitel schließen, mal sehn, was das nächste bringt.

Antworten vielleicht, zur Abwechslung.

SECHSTES KAPITEL

SIEGHART KOCH schrieb einmal: »Je breiter die Zeilen, desto größer der Zeilenabstand.«* Eine klassische Erkenntnis, zu der Koch erst nach vielen Jahren Berufspraxis und unter Verlust eines erheblichen Teils seiner Haupthaare gekommen war. Nun hatte schon Johann Gottfried von Herder erkannt, daß nicht viele Leute diesen Durchblick haben. Er schrieb: »Allerdings ist überall und allezeit das Gute selten«, und behielt damit bis heute recht. Was ich mit diesen Zitaten sagen will ist, daß es sich eigentlich ganz einfach verhält mit der Zeilenlänge. Im Umkehrschluß kann man aus Kochs Maxime nämlich folgern, daß je größer der Zeilenabstand, desto breiter die Zeile. Wenn also der Zeilenabstand vorgegeben ist, läßt sich über die voraussichtliche Zeilen*länge* (wie es in diesem Buch heißt) schon einiges sagen. Natürlich nicht alles, daher denke ich, es ist am besten, ich verlasse diese Argumentationsebene und wende mich einer verständlicheren zu.

Also: die Zeilenlänge ist das letzte Maß, mit dem wir uns in diesem Buch beschäftigen wollen. Wie alle anderen Maße ist sie vom Zweck des Textes abhängig. Daher gelten hier die gleichen Überlegungen, die man zur Ermittlung der angemessenen Schriftgröße

---

* *Detailqualität im Grundtextbereich, Sieghart Koch; Stuttgart 1980*

JEDES WORT EINE ZEILE FÜR SICH.

In diesem Beispiel sind Wort- und Zeilenabstand identisch.

Schrift: LoType fett
linksbündig
SG   ZAB   WZ   LW
Bemerkungen: Titelsatz - sehr eng

anstellen sollte. Wird der Text nur konsultiert, wird er ausführlich und in Ruhe gelesen, oder wird er nur knapp angeschaut? Da wir – auch das wurde schon erwähnt – Wortgruppen und nicht einzelne Wörter lesen, muß die Zeile genügend breit sein um sinntragende Wortgruppen nicht zu unterbrechen. Ist der Text allerdings sehr kurz – bei einer Headline zum *Schauen* –, wird die ganze Textgruppe fast gleichzeitig wahrgenommen und es können sogar einzelne Wörter eine Zeile für sich bilden.

Für ruhiges, kontinuierliches Lesen haben sich ungefähr 60 Buchstaben pro Zeile als optimal herausgestellt. Die Verbindung dieser Buchstabenanzahl mit der angemessenen Schrift in einer angenehmen Größe gibt dann fast von alleine die beste Zeilenlänge. Ist die somit festgelegt, wird es Zeit, wieder an Sieghart Kochs Maxime zu denken, siehe am Anfang dieses Kapitels.

Anzumerken wäre noch, daß besonders kleine Schriften nicht so viele Zeichen in der Zeile haben sollten, weil es einfach zu schwierig wird, eine solche Zeile im Auge zu behalten. Aber da der kluge Typograf für einen Lesetext ohnehin keine zu kleine Schrift wählen würde, ist dieses Problem für die aufgeklärten Leser dieses Buches längst nur noch ein theoretisches. Das gleiche gilt übrigens für schmallaufende Schriften: nur ein Sadist würde bei der Univers 39 beispielsweise 60 bis 70 Zeichen in die Zeile packen. Oder die Revisionsabteilung, die Papier sparen will und sich nicht um die Volksgesundheit kümmert.

Das hat sich nun bis jetzt sehr einfach angehört,

leider ist es aber nicht damit getan,
alle Zeilen 55 bis 65 Buchstaben breit
laufen zu lassen mit entsprechend
lockerem Zeilenabstand. So einfach
können es sich nur die Kollegen
aus der Buchtypografie machen.
Schwieriger ist es da, wo Leute nicht
in Ruhe lesen *wollen*, sondern wo
sie in Kürze wichtige Informationen
aufnehmen *müssen*. Zwar mag
hier die Schriftgröße die gleiche sein,
aber die anderen Bedingungen
sind nicht zu vergleichen. Es gibt
formale, technische, ästhetische
Anforderungen an die Typografie,
dazu wirtschaftliche, viel Text
auf wenig Raum unterzubringen
beispielsweise. Angenehm, aber
schnell zu lesen sind Zeilen mit 35 bis
40 Buchstaben, in der deutschen
Sprache zumindest. Im Englischen
sind die Wörter kürzer, sinnvolle
Wortgruppen haben also weniger
Buchstaben, Zeilen können demnach
auch kürzer sein.

Die immer wiederkehrende Erwähnung der Interaktion aller typografischen Parameter hat inzwischen hoffentlich Erfolg gehabt – der Zeilenabstand wird natürlich knapper, wenn die Zeile kürzer wird.

Auch wenn Ausnahmen vielleicht verwirren, so muß hier noch einmal betont werden, daß alle diese Maximen, Faustregeln und Tricks natürlich auf den Kopf gestellt werden dürfen, ja müssen!, wenn der Zweck der Mitteilung es verlangt. Harmonische, optimal lesbare Seiten können nämlich ausgesprochen einschläfernd wirken, andererseits machen typografische Trommelwirbel oft viel Lärm um nichts, wenn die von ihm gestalteten Mitteilungen beim Empfänger falsch verstanden werden.

So – es dürfte jetzt klar sein, daß die Zeilenlänge (alias Zeilenbreite, alias Satzbreite) sich zwangsläufig aus der gewünschten Buchstabenzahl pro Zeile ergibt. Kleine Kompromisse können nötig sein, wenn das Papierformat vorgeschrieben ist und eine bestimmte Textmenge untergebracht werden muß. Jedenfalls sind auf einer DIN A4-Seite drei Spalten mit gerade 30 Buchstaben pro Zeile (Zwischenräume natürlich immer mitgerechnet) zwar etwas schmal, aber leichter zu gliedern und für den Leser zu verdauen, als zwei langweilige breite Spalten. Sobald da ein paar Zwischenüberschriften auftreten – und das sollten sie – braucht die heilige Dreispaltigkeit auch weniger Platz, was so klar ist, daß ich keine Lust habe, es auch noch zu beweisen.

FAKSIMILIERTER NACHDRUCK DER ORIGINALAUSGABE

SIEBENTES KAPITEL

HÖRE ich ein Aufatmen in den Reihen der Leser? Waren die bisherigen Abhandlungen vielleicht ebenso schwierig zu verstehen wie sie zu schreiben waren? Einen Trost hat der kluge C. Day Lewis bereit, der das sinnige Wort prägte: »Wir schreiben nicht, um verstanden zu werden, sondern wir schreiben, um zu verstehen.«* Mir ist vor allem klar geworden, daß sich die große, bunte Welt der Typografie nicht so einfach in Worte kleiden läßt, wie ich eingangs dachte. Auch wenn ich nicht gerade für »den Landfunk zum Mitschreiben«** formulieren mußte, sondern – ich habe das bereits erwähnt – für ein aufgeschlossenes, fachlich vorbelastetes Publikum, so scheint mir in der Rückschau doch vieles sehr theoretisch und hoch aufgehängt. Nun sollen diese beschaulichen Betrachtungen nicht der schonungslosen Selbstkritik dienen, sondern lediglich die Sympathien der Leser noch einmal mobilisieren, damit sie auch den letzten Kapiteln folgen, die sich (und ich gelobe Kürze!) mit der Satzart, mit den Linien und danach mit dem Schriftschnitt beschäftigen werden.

Die Satzart hätte gut im Zusammenhang mit der Zeilenbreite abgehandelt werden können, gehören

---

* *We do not write in order to be understood;*
we write in order to understand.

** *G. G. Lange, 1974*

Landschaft nach der Flurbereinigung: langweilig, öde, aber maschinengerecht. Der Mensch kann mit dieser Landschaft so wenig anfangen wie mit einer DIN-A4-Seite voller Vertragsbedingungen in Juristendeutsch, gesetzt über die volle Breite in 6 Punkt Bodoni.

diese beiden doch nahe zusammen. Andererseits waren bisher noch alle Einzelgrößen aufs innigste miteinander verbunden, was mich in unserer gefühlsarmen Zeit zwar besonders freut, aber nicht dazu führen darf, daß irgendwie das ganze Thema in einem Aufwasch runtergeschrieben wird, ohne die dramaturgisch wichtige gelegentliche Vakatseite.

Die Einteilung in Kapitel wäre somit hinlänglich begründet, wenden wir uns endlich der Satzart zu. Hier haben wir gleich die erste: Blocksatz. Alle Zeilen sind gleich lang, dafür ist der Raum, der am Ende der Zeile übrig bleiben müßte, zwischen den Wörtern verteilt. Bei genügend breiten Zeilen (wie hier) fällt das kaum auf, dafür wirken Seiten im Blocksatz ruhig und geschlossen. Leider nun treibt ein übertriebener Ordnungssinn die Leute dazu, auch die allerschmalsten Spalten – in Tageszeitungen zum Beispiel – auf Blocksatz setzen zu wollen. Das sieht von weitem ordentlich aus, beim Lesen entdeckt man jedoch, daß zwar die Kanten säuberlich wie ein Vorgartenrasen beschnitten sind, mittendrin aber die kahlsten Stellen prangen. Auch wenn wir das nun durch 500 Jahre Gewohnheit als gewissermaßen naturgewollt empfinden, so ist doch der Blocksatz bei weniger als 35 Zeichen pro Zeile eine idiotische Einrichtung, die auch bei ständiger Gewöhnung nicht einleuchtender wird. Genausowenig, wie es ein Naturgesetz gibt, nach dem Helvetica für technische und Garamond für literarische Texte die lesbarsten Schriften sind.

Bevor dies zu einem Rundumschlag gegen alles typografisch Althergebrachte wird, räume ich ein,

Landschaft vor der Flurbereinigung: gewachsen, abwechslungsreich, unseren natürlichen Bedürfnissen und Erwartungen entsprechend. Hier kann man noch zu Fuß gehen, gelegentlich sogar stolpern oder schmutzige Schuhe bekommen.

daß der Flattersatz (wie in diesem Absatz gezeigt)
bei breiten Zeilen auch eher albern wirkt. Da die
Satzspiegelbreite dieses Buches sich nach der Zeile
richtet, die ich für das entspannte Lesen dieses
Textes als erforderlich betrachte, ist es schwierig, auf
gleicher Breite zwei Spalten zufriedenstellend
unterzubringen.

Jede Zeile ist zwar noch zu lesen und auch die Trennungen sind nicht zu bösartig, aber über viele Seiten hinweg wäre das doch zu unruhig. Übrigens ist bei diesen schmalen Spalten natürlich der Wortabstand verringert worden, auch der Zeilenabstand muß auf einige Hundertstel verzichten.

Mögliche Variante des Flattersatzes ist die rechtsbündige Version, die nicht gerade optimal lesbar ist, aber den Vorteil hat, bei der Verbindung mit einer linksbündigen Spalte die gegenseitige Hinwendung zu betonen, was meine Kollegen und ich besonders gerne für Tabellen ausnutzen.

Zu den klassischen Satzarten
gehört außer Flatter- und Blocksatz
die Anordnung auf Mitte,
welche »einen schmalen Fuß macht«,*
also adrett anzusehen ist,
vermittelt sie doch Harmonie und Eleganz,
aber auch Autorität.

Michael Hoeppner, Berlin 1980

Warum Typografie nicht langweilig ist.

Jeden Morgen um 7 Uhr stehe ich auf. Nach dem Waschen und Rasieren, was ja erfrischend und daher überhaupt nicht langweilig ist, ziehe ich mich an. Damit ich nicht täglich mit den gleichen Sachen ins Atelier gehe, verfüge ich über eine Auswahl von Kleidungsstücken. Zu meinen weißen Hemden trage ich die dunkelbraune Krawatte mit den gelbgrünlichen Streifen, meine hellblauen Hemden dagegen werden durch meinen dunkelbraunen Binder mit den roten und hellblauen Streifen, die in ungefähr fünfundvierzig Grad zum Untergrund, aber parallel zueinander verlaufen, freundlich aufgewertet. Indem ich mich nun, je nach Wochentag, zwischen meinem mittelbraunen Tweedjackett mit den Lederaufsetzern an den Ellenbogen oder meinem etwas seriöseren dunkelblauen Nadelstreifenjackett entscheide, ist für weitere Abwechslung gesorgt, zumal ja auch noch die recht große Auswahl an Beinkleidern, über die ich verfüge, für Variationsmöglichkeiten sorgt, obwohl es mir aus geschmacklichen Gründen immer sehr widerstrebt, meine gedeckt graue Flanellhose zu dem mittelbraunen Tweedjackett anzuziehen, gleichzeitig aber auch meine braune Feincordhose sicherlich nicht zu dunkelblauen Nadelstreifen paßt, so daß diese rein zahlenmäßig zunächst groß erscheinende Auswahl doch nach reiflicher Überlegung aufgrund mangelnder Kombinationsmöglichkeiten nicht so mannigfaltig ist, wie es den Anschein haben könnte. Ich trage nur Kombinationen, nie Anzüge; das wäre bei meinem kreativen Beruf zu langweilig.

Auch beim Frühstück, was sich dem Ankleiden anschließt, lege ich großen Wert auf Abwechslung, weil das bei einer modernen Ernährung ein wichtiger Bestandteil ist. Außerdem bin ich – ich erwähnte es bereits – kein Freund von langweiligen Routinen und Wiederholungen. Es gibt bei mir zum Frühstück also sowohl Marmelade als auch Honig zur Auswahl, sowie neben meinem Lieblingsmüsli, welches ich beim biologischen Bäcker nebenan kaufe, auch noch so unterschiedliche Dinge wie Corn Flakes, Honig Pops und sogar Bran Buds.

Blocksatz verhält sich dem Inhalt gegenüber wertfrei.

Nachdem eingangs der Blocksatz etwas schlecht weggekommen ist, muß doch noch etwas mehr zu diesem leidvollen Thema gesagt werden. Besagter Blocksatz hat natürlich noch andere Vorteile außer ruhige und geschlossene Seiten abzugeben. Er verhält sich dem Inhalt gegenüber sozusagen wertfrei, indem die Zeilen nicht sinngemäß unterbrochen werden, sondern einfach an einer vorgegebenen Stelle aufhören. Der Leser formt sich gewissermaßen seinen eigenen Rhythmus und folgt keinem vorgegebenen wie beim Flattersatz. Dabei setzt nämlich – im günstigsten Fall – der Setzer fest, wo eine Zeile aufhört, im schlimmsten Fall der Computer. Wenn es im Sinne des Autors liegt, hilft der unregelmäßige Zeilenfall dem Leser; bei einem Gedicht läßt sich das am deutlichsten erkennen.

Wo ich nun schon gegen alle Regeln der Dramaturgie den Blocksatz ein zweites Mal aufgegriffen habe, kann ich ruhig auch zum Flattersatz etwas nachtragen. Hier läßt sich nämlich genaugenommen einiges unterscheiden:

auf der einen Seite gibt es den Rauhsatz, der danach trachtet, die Zeilen zu füllen und der daher die gleiche Textmenge unterbringt wie der Blocksatz (bei gleicher Satzbreite versteht sich), den Rest am Ende einer Zeile jedoch nicht zwischen die Wörter verteilt, sondern einfach als Lücke übrigläßt. Die rechte Kante flattert dabei nicht so arg, dafür gibt es aber häufige Trennungen. Ein guter Setzer macht natürlich auch aus Rauhsatz reife Arbeit, indem er die schlimmsten Trennungen vermeidet und die gefällige Form der rechten Kante im Auge behält;

Natürlich öffne ich nie gleichzeitig mehrere verschiedene Packungen dieser Frühstücksflocken, das wäre der Frische abträglich, denn nur in der versiegelten Packung ist – nach Auskunft der Hersteller, aber auch nach meiner eigenen Erfahrung – eine optimale Haltbarkeit gewährleistet. Beim Frühstücksbrot bin ich nicht so für Abwechslung, vielmehr bevorzuge ich seit längerer Zeit das biologische Sonnenblumenkernbrot, auch vom biologischen Bäcker nebenan. Auch bei der Wahl meines Frühstücksgetränkes gibt es keine Qual der Wahl: morgens trinke ich am liebsten Tee – eine englische Mischung –, der sehr anregend wirkt, aber nicht so aufgekratzt macht wie Kaffee. Ein Frühstücksei esse ich nur sonntags, weil ich mir dann eine gewisse Muße erlauben kann, die am Werktag nicht angebracht ist. Das Frühstücksgeschirr räume ich zwar nach dem Frühstück in die Küche, wasche es aber nicht ab, weil das meinen Zeitplan durcheinander bringen würde, denn nach Waschen, Rasieren, Ankleiden und Frühstück ist es mittlerweile schon zehn Minuten vor acht geworden, so daß es Zeit wird, den Weg zur Arbeitsstätte anzutreten.

Zwar ist die Fahrt ins Atelier oft sehr abwechslungsreich und überhaupt nicht langweilig, aber ich wollte erzählen, warum Typografie nicht langweilig ist, möchte also einige Vorgänge meines Tagesablaufs etwas raffen, obwohl auch dort viele interessante Dinge vorkommen.

Nachdem ich, um 8.25 Uhr, meine Arbeitsstätte und die Bürotür mit meinem eigenen Schlüssel geöffnet habe, hänge ich als erstes meinen Mantel beziehungsweise an wärmeren Tagen auch mein Jackett (bei uns Kreativen geht es schon recht locker zu) an den Garderobenständer. Das mag zwar für viele Leser eine eher langweilige Selbstverständlichkeit sein, wird jedoch von manchen Arbeitskollegen überhaupt nicht ernst genommen, so daß sich über vielen Stuhllehnen Jacken, Mäntel und sogar Pullover knautschen, was selbst in einer kreativen Umgebung wie in unserem Atelier einen recht unaufgeräumten Eindruck macht.

Meinen eigentlichen Arbeitsplatz erreiche ich durch die Tür an der linken Seite des Eingangsflurs.

Um 8.30 Uhr sitze ich dann auf meinem grün gepolsterten Arbeitsstuhl und blicke auf meinen Schreibtisch, der um diese Zeit noch sehr aufgeräumt ist. Alle Arbeitsmaterialien, die der moderne Typograf täglich zur Hand nimmt, liegen auf der rechten Seite.

Halb Flatter- halb Blocksatz: abwechslungsreich wie der Text.

auf der anderen Seite kann guter Flattersatz – wie bereits erwähnt – eine Lesehilfe sein, wenn es dem Text entspricht. Auf jeden Fall wird die rechte Kante einen harmonischen Wechsel zwischen langen und kurzen Zeilen aufweisen und sowohl gähnende Lücken als auch drangvolle Enge vermeiden.

Wer sich nun nach allen gebotenen Satzarten noch immer nicht für eine davon entschieden hat, dem ist die Wahl leicht noch schwerer zu machen:

wenn mehrere Spalten mit linksbündigem Satz nebeneinander stehen, können die flatterhaften rechten Kanten oft störend wirken. Stehen die Spalten zu eng beieinander, dann liest man oft ungewollt waagerecht weiter; sie sind zu weit auseinander, dann gähnen riesige Löcher zwischen den Spalten wie weiße Flecken auf der Landkarte. Im Interesse eines gediegenen Grauwertes und angemessenen Papierverbrauchs wollen wir das allemal vermeiden. Wir setzen also erstmal Rauhsatz – die bessere Sorte vom guten Setzer natürlich – und entscheiden dann, daß alle Zeilen, die bis zur vorgegebenen Satzbreite nur noch einen geringen Restwert aufweisen, auf eben diese volle Breite ausgeglichen werden. Diese Zeilen sind dann also als Blocksatz gesetzt und sorgen für eine ruhigere rechte Kante und deutliche Trennung von der nächsten Spalte.

Apropos Trennung: darüber gäbe es wahrlich einen neuen Roman zu schreiben. Wer trennt sich schon gerne, dazu noch schmerzlos? Man kann auf Trennungen verzichten, dann gibt es beim Flattersatz sehr unregelmäßige rechte Kanten und beim Blocksatz

Der typische Setzer bei der Arbeit.

gähnende Lücken zwischen den Wörtern. Oft wird das Lesen schwierig, wenn am Ende einer Spalte der Anfang eines Wortes und am Beginn der nächsten Spalte, womöglich auf der anderen Seite, der Rest steht. Wenn dazu der Computer noch eine falsche Trennung angibt, ist Verwirrung vollkommen. Ein wunderbares Beispiel dafür finden Sie in diesem Buch auf den Seiten 75 unten und 77 oben.

Wir sehen also: guter Satz muß nicht nur den richtigen Grauwert, ebenmäßige Zeilenenden und wohlgefällige Umrisse aufweisen, sondern auch noch sinnfällige Trennungen. Auch hier scheidet sich unter den Setzereien die Spreu vom Weizen, die automatischen, aber nicht sehr sensiblen Trennprogramme von den Fachleuten, die sich den Kopf ihrer Auftraggeber zerbrechen.

Sie, verehrte Leser, haben es längst gemerkt: ich schlage mich klar auf die Seite der Setzereien, die Typografie liefern und nicht nur einen Haufen Buchstaben. Der Unterschied macht sich natürlich auch im Preis bemerkbar, aber schließlich druckt ja auch niemand seine Prospekte mit Wachsmatrizen auf Abzugpapier, nur um Druckkosten zu sparen.

Da ich es woanders noch nicht untergebracht habe und wir gerade vom Setzer* reden, darf ich jetzt einen weiteren wichtigen typografischen Parameter

*An dieser Stelle eine Anmerkung für Leserinnen:
der Setzer, man, der Gestalter *und ähnliche männliche Ausdrücke stehen stellvertretend für beide Geschlechter. Ich habe die Frauen nicht vernachlässigt, es ist nur einfacher, als immer diese Klammern (-innen).*

61. Einzug Jesu in Jerusalem

49. Der barmherzige Samariter

Diese Bilder verhalten sich zur Kunst wie die gesperrten Bildunterschriften zur Typografie.

54. Der verlorene Sohn

erwähnen, den dieser kennen muß, bevor er mit dem Setzen beginnen kann. Schon im Konfirmationsunterricht lernte ich zu singen: »Unsern Einzug segne Gott, unsern Auszug gleichermaßen...« oder zumindest sinngemäß etwas Ähnliches. Der Einzug, um den geht es, hat in den letzten Jahrzehnten viel mitgemacht. Erst war er ein schlichter Gevierteinzug, dann wurde er zugunsten der Leerzeile ganz abgeschafft, dann zogen die Werber oft halbe Zeilen ein, dann erhoben die Traditionalisten den warnenden Finger und jetzt sehen wir allenthalben wieder Gevierteinzüge. Nun ist dieses Geviert, ich erwähnte es bereits im Zusammenhang mit dem Wortabstand, im Fotosatz kein unabänderliches Stück Blei aus dem Ausschlußkasten, sondern ein Maß, das zu verändern durchaus erlaubt ist. Bei einer Schrift mit kleinen Mittellängen – mit viel weißem Raum also zwischen den Zeilen – fällt manchmal dieser Gevierteinzug überhaupt nicht auf. Hohe Mittellängen, wie sie zum Beispiel die Poppl-Pontifex hat, ergeben ein viel geschlosseneres Bild, so daß ein weißes Quadrat am linken Rand auffällt.

Ähnlich geht es mit Blocksatz und Flattersatz. Bei ruhigen, geschlossenen Kanten im Blocksatz reichen die meist nicht ganz gefüllte letzte Zeile des vorigen Absatzes und der Gevierteinzug zur deutlichen Gliederung des Textes. Der Flattersatz mit der unregelmäßigen rechten Kante und den oft kurzen Zeilen braucht entweder einen sehr deutlichen Einzug oder gleich die ganze Leerzeile, die zudem bei schmalen Spalten nicht soviel Platz verschwendet wie das bei einer breiten Buchzeile der Fall wäre. Gevierteinzug

Auf dieser Seite möchte ich vorzeigen, daß es mit den Mitteln des Fotosatzes heute auch möglich ist, Hervorhebungen, Betonungen, Auflockerungen und ähnliches in sehr abwechslungsreicher Weise zu gestalten. Die Linie am Kopf dieser Zeilen hebt zum Beispiel gleich die ganze Seite hervor.

❞ Solche riesigen Anführungszeichen kann man wunderbar benutzen, um damit Zitate zu betonen. Natürlich lohnt sich der Aufwand für ein so fettes Zeichen nur, wenn das Zitat auch mindestens einen ganzen Absatz einnimmt – deswegen muß ich hier auch genügend überflüssigen Text produzieren, der wenig Wertvolles beiträgt, aber einige Zeilen für diese Demonstration schindet. Aber jetzt ist es genug. ❝

Was besonders wichtig ist, sollte man sich anstreichen, zum Beispiel mit einem so netten Bleistiftstummel wie dem hier. Dabei gilt es noch zu berücksichtigen, ob nur irgendetwas angekreuzt ✘ und damit der Aufmerksamkeit empfohlen wird ✘ oder ob etwas nur abgehakt ist, ✓ dann ist die Sache nämlich erledigt.

Sowohl traurige ✞ als auch erfreuliche ♥ Ereignisse lassen sich typo- grafisch ohne viele Worte darstellen und selbst Bedienungsanleitungen werden plötzlich ganz klar:

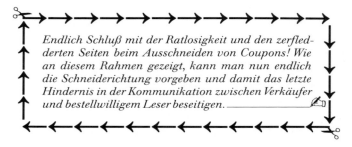

Endlich Schluß mit der Ratlosigkeit und den zerfledderten Seiten beim Ausschneiden von Coupons! Wie an diesem Rahmen gezeigt, kann man nun endlich die Schneiderichtung vorgeben und damit das letzte Hindernis in der Kommunikation zwischen Verkäufer und bestellwilligem Leser beseitigen.

im Fotosatz sollte man einfach in vollen Millimetern angeben, beim Zeilenabstand von 3,75 mm kann der Einzug also 4 mm sein. Wem aber die normale Unterscheidung zwischen Absätzen nicht reicht, der kann natürlich tricksen: die erste Zeile kann die volle Breite einnehmen, alle anderen werden eingezogen. Gut für stark gegliederte Texte, bei denen der Absatzanfang auch Orientierungshilfe ist, also Gesetze oder Verträge. Oder ganz tiefe Einzüge, vielleicht sogar mit Linien oder Ornamenten garniert, auch Initialen kosten nicht viel mehr, wenn das Typogramm erst im Computer ist.

Überhaupt wäre das Thema *Hervorhebungen im Text* fast ein eigenes Buch wert. Da gäbe es Zweitfarbe, Unterstreichungen, vertikaler Raum,

also über und unter einer Zeile,

horizontaler Raum (also Einzüge u. ä.), **halbfette** oder **fette** Wörter oder Zeilen, größere Wörter oder Zeilen, andere Schriften, eigene Spalten für die Auszeichnung, unterlegte Farben, Typosignale, ☛ Ornamente und vieles, vieles mehr. ☚

So vieles mehr, daß gottlob der Typograf mit seinen 26 Grundbausteinen und ihrer mannigfaltigen Anwendung nie in die Verlegenheit geraten müßte, immer die gleiche Schrift und das gleiche Layout zu benutzen. Aber wenn man natürlich Schriftwahl und Layout der Setzerei überläßt und diese Setzerei nicht gerade eine der wenigen guten im Lande ist, dann

Hausschrift AEG
Hausschrift BASF
Hausschrift Bayer
Hausschrift BMW
Hausschrift Bundesbahn
Hausschrift Bundespost
Hausschrift Bundesrepublik
Hausschrift Daimler Benz
Hausschrift Lufthansa
Hausschrift Nixdorf
Hausschrift Siemens
Hausschrift Sparkasse

Bundesdeutsche Einheitsschrift:
»Du sollst keine andere Schrift haben neben ihr!«

spart der Auftraggeber zwar kurzfristig Geld, wirft jedoch auf lange Sicht dieses Geld zum Fenster hinaus, weil seine Mitteilungen untergehen, weil sie nicht von den richtigen Leuten gelesen und weil sie vor allem nicht richtig verstanden werden.

Aber das sage mal einer unseren Auftraggebern, die ohnehin daran zweifeln, daß es mehr als *eine* Schrift geben muß: »die anderen kommen doch auch mit *einer* aus!« Ich stelle mir vor, dieser Auftraggeber säße einem Kunden oder Konkurrenten gegenüber, der haargenau den gleichen Schlips umhat wie er.

Peinlich, peinlich!

Bei <u>Unterstreichungen</u> müssen
sowohl die <u>Linienstärke</u> als auch der
<u>Abstand zur Schriftlinie</u> der
jeweiligen Schrift angepaßt sein.
<u>Unterlängen</u> werden <u>ausgespart.</u>

*Bei <u>Unterstreichungen</u> müssen
sowohl die <u>Linienstärke</u> als auch der
<u>Abstand zur Schriftlinie</u> der
jeweiligen Schrift angepaßt sein.
<u>Unterlängen</u> werden <u>ausgespart.</u>*

**Bei <u>Unterstreichungen</u> müssen
sowohl die <u>Linienstärke</u> als auch der
<u>Abstand zur Schriftlinie</u> der
jeweiligen Schrift angepaßt sein.
<u>Unterlängen</u> werden <u>ausgespart.</u>**

Bei Überstreichungen können
sich Umlaute besonders <u>störend</u>
auswirken.

ACHTES KAPITEL

Das Stichwort *Unterstreichungen* fiel schon im drittletzten Absatz des vorigen Kapitels. Nun muß ich doch noch einmal darauf zurückkommen, weil es eine einigermaßen plausible Überleitung zum Thema Linien abgibt. Denn sonst ist überhaupt nicht klar, wo die Linien unterkommen sollen. Am Schluß des Buches wirkt es wie ein nachträglicher Einfall, in den Anfangskapiteln galt es, die mannigfaltigen Verknüpfungen der verschiedenen Parameter immer wieder aufzuzeigen – da hätten die Linien alles noch verwickelter gemacht. Jetzt also, im letzten Drittel, bringen wir's hinter uns.

Daß hier nicht von gezeichneten, gemalten, abgerubbelten, sondern von gesetzten Linien die Rede ist, war ja klar, oder? Gute Setzmaschinen – und nur die interessieren uns – ziehen Linien senkrecht und waagerecht mit einem Lichtpunkt auf viele Strichbreiten, auf millimetergenaue Längen und Höhen und mit sauberen Ecken als Kasten oder Rahmen. Der Lichtpunkt wackelt weder am Freitagabend noch am Montagmorgen, trocknet nicht aus und friert nicht ein und auch an Farbe fehlt es nie.

Technisch kann man also mit Fotosatzlinien fast alles machen, wir jedoch wollen uns hier auf die Art von Linien beschränken, die unmittelbar etwas mit Schrift zu tun haben: auf Unterstreichungen, Schreiblinien und Tabellenlinien.

Linie 0,075 mm	
0,10 mm	Bei der Vielzahl von verfügbaren Schnitten inner-
0,25 mm	halb einer Familie wäre es zu banal, nur mit einer
0,3125 mm	**Linienstärke auskommen zu wollen. In diesem**
0,375 mm	**Beispiel ist jedoch nur die Anpassung der Linie**
0,50 mm	**an die jeweilige Serifenstärke vorgeführt, dicke-**
0,75 mm	**re oder dünnere Linien als Kon-**
1,00 mm	**trast- und Stilmittel muß**
1,50 mm	**ich der Vorstellun**
1,875 mm	**gskraft der Le**
2,00 mm	**ser überlass**
2,25 mm	**en. Alle Lin**
2,75 mm	**ien auf d**
3,00 mm	**ieser Sei**
3,20 mm	**te sind a**
3,50 mm	**uf Stärk**
4,00 mm	**e gese**
4,23 mm	**tzt, di**

Die richtige Linienstärke orientiert sich an der Schrift: bei einer Unterstreichung die Stärke der Serife an ihrem Auslauf. Gibt es keine Serifen (bei serifenlosen Schriften ist das die Regel), so paßt sich die Linienstärke der dünnsten Strichstärke der Schrift an. Der Abstand der Linie von der Schriftlinie entspricht etwa dem normalen Buchstabenabstand – Unterlängen werden natürlich ausgespart. Soll die Linie schreien, kann sie fetter als die Schrift sein, was dann aber eigentlich ins Kapitel »Balken« fiele.

Was Unterstreichungen recht, ist den Tabellenlinien billig. Auch bei Tabellen in Verbindung mit gesetztem Text müssen die Linien der Schrift angepaßt sein, Faustregeln siehe oben. Schwierig wird es höchstens bei kräftigen Groteskschnitten, die wenig Unterschied zwischen dick und dünn aufweisen. Bei Futura oder Helvetica halbfett kann die Linie sich nicht mehr auf die Strichstärke beziehen, das wäre zu dick aufgetragen. Hier muß die Linie dann deutlich dünner sein als die Schrift – nicht so dünn, daß sie beim Druck wegbricht und nicht so dick, daß sie der Schrift Konkurrenz macht.

Zu einer feinen Linie gehört auch eine fettere Version als Auszeichnung. Wenn also eine Tabelle aus 0,15 mm ⎯⎯ feinen Linien gesetzt ist, brauchen die Hervorhebungen mindestens eine 0,375 mm ⎯⎯ starke. Im metrischen Fotosatz reden wir nicht mehr von stumpffeinen oder ähnlichen Linien, sondern geben die Stärke in Bruchteilen von Millimetern an – je nach System gibt es verschiedene Abstufungen, die entweder den überlieferten Linienstärken entsprechen

AG Buch

Futura

MEXICO OLYMPIC

BLOCK

Sayer Notiz

oder eine Funktion haben wie die 4,23 mm starken EDV-Balken.

Anpassen muß sich die Linie aber nicht nur der Schriftstärke, sondern auch dem Schriftausdruck. Zuviel Anpassung führt zwar zum gesellschaftlichen Stillstand, aber in typografischen Kreisen herrschen in bezug auf solche Feinheiten noch paradiesisch-unschuldige Zustände, so daß man von einer angepaßten typografischen Jugend nur reden kann im Hinblick auf den allgemein langweiligen Zustand dieser Kunst, aber nicht bezogen auf Anpassung an Inhalte und deren angemessenen Ausdruck.

Soweit dieser, diesmal doch wirklich knapp ausgefallene Exkurs ins sozialkritische Engagement. Für Linien gilt (wenn man eine hat!), daß sie besondere Merkmale der Schrift aufgreifen sollte. Eine runde Schrift braucht eine Linie mit Würstchenenden, eine Knubbelschrift verlangt nach krauser Unterstreichung und die flotte Pinselschrift muß eben dito unterpinselt sein. Dies alles überfordert natürlich den tapferen Lichtpunkt, der ja gar nicht wackeln oder rund werden kann! Hier braucht es also wieder den Eingriff des Künstlers oder zumindest des künstlerisch begabten Setzers, der im Titelsatz aus Elementen der Schrift oft die passende Linie zusammenbelichten kann. Das Ergebnis lohnt dann aber wirklich die Mühe, denn in solchen Details zeigen sich die wahren Meister.

NEUNTES KAPITEL

AUCH in diesem Kapitel geht es wieder um die subtile Anwendung typografischen Talents. Die Wahl des richtigen Schriftschnittes ist schließlich die Wahl des richtigen Ausdrucksmittels bis in die Feinheiten. Den richtigen Ton gilt es zu treffen, auch wenn es dabei mal laut zugehen sollte, wie Theodor Fontane (im Leitwort dieses Buches) ganz richtig formuliert.

Die Wahl der *richtigen*, der angemessenen Schrift ist der erste Schritt, dazu war einiges ganz vorne zu lesen. Damit es nicht zu lehrhaft wird, habe ich das danach eigentlich fällige Kapitel über die Wahl des passenden Schriftschnittes – wenn man sich für eine Schriftfamilie entschieden hat – hier ans Ende gestellt. Vergeßlichkeit oder schlechte Planung haben bei dieser dramaturgischen Entscheidung auch eine gewisse Rolle gespielt, das gebe ich offen, aber ungerne zu.

Was man aus einer Schrift alles machen kann, zeigt sich am Beispiel einer recht bekannten und auch auflagenstarken Boulevardzeitung, ein Titelblatt ist nebenstehend zufällig abgebildet, allerdings einigermaßen verkleinert. Da werden Überschriften breitgezogen, gequetscht, gebogen, gestaucht, verlängert, verkürzt, schräggelegt, umgekippt und abgeschnitten. Was im richtigen Maß witzig sein könnte, führt sich hier selber in die Irre. Ein (gutes oder schlechtes?) Beispiel dafür, wie Typografie den Inhalt einer Mitteilung nicht nur wiedergibt, sondern interpretiert.

Eine Schrift kann viele Söhne und Töchter haben.

So, wie es in einer Familie bei (im Rahmen der Mendelschen Gesetze) gleichem Erbgut doch ganz verschiedene Söhne und Töchter geben kann, so gibt es Schriftschnitte innerhalb einer Familie, die bei aller Verschiedenheit die gemeinsamen Eltern nicht leugnen können. Aus dem familiären Rahmen fallen dabei mitunter die kursiven Schnitte, zumindest bei den klassischen Schriften. Da gibt es durchaus eigenständige, kursive Schriften, die kurzerhand zum ständigen Begleiter einer fremden Antiqua erklärt wurden, weil sie aus dem gleichen Jahrhundert, der gleichen Stadt oder einfach aus der gleichen Schriftgießerei stammten. Die Poliphilus, von Monotype 1923 herausgebracht, geht auf Aldus Manutius' Buch *Hypnerotomachia Poliphili* (1499) zurück, das aus einer Schrift gesetzt war, deren Kleinbuchstaben ein etwas kräftigerer Neuschnitt von Griffo waren nach der Schrift in Bembos *De Aetna*. Die Kursive dazu, die Blado, ist benannt nach Antonio Blado, Drucker beim Vatikan von 1515 bis 1567. In aller Wahrscheinlichkeit wurde die Original-Blado, von der Monotype ausging, von Ludovico degli Arrighi de Vicenza entworfen.

Dieses Beispiel bringt nicht nur endlich etwas historische Dimension in dieses sonst mit der Überlieferung eher frivol umspringende Druckwerk, sondern zeigt zugleich (außer meinem zeitraubenden Quellenstudium), daß auch – rein juristisch gesehen – uneheliche Kinder zu einer Familie gehören können. Unter den Schriften gibt es allerdings sehr viele, die wir mit Fug und Recht Bastarde schimpfen könnten, was aber Anstand und Sitte verbieten.

News Gothic	News Gothic
News Gothic	News Gothic
News Gothic	News Gothic
News Gothic	News Gothic
News Gothic	News Gothic
News Gothic	**News Gothic**
News Gothic	**News Gothic**
News Gothic	**News Gothic**
News Gothic	**News Gothic**
News Gothic	**News Gothic**

Interpolieren statt gestalten – Schrift aus der Maschine.

Daß wir beim Gebrauch verschiedener Schnitte einer Schriftfamilie auch verschiedenen Buchstabenabständen, Wortzwischenräumen und sogar Zeilenabständen Aufmerksamkeit widmen müssen, ist in den betreffenden Kapiteln immer wieder aufs ausgiebigste betont worden. Nie wird man sagen können, die Walbaum Standard zum Beispiel hat immer die und die Laufweite. Die halbfette, die kursive, die Kapitälchen laufen anders, je nachdem, ob wir sie als Textschrift, als Auszeichnung oder als Fußnote anwenden. Wer sagt denn, daß der Text nicht mal halbfett sein kann und dafür die Auszeichnung normal oder kursiv? Gerade die fetten kursiven Schnitte – eine Erfindung der Werbung im letzten Jahrhundert – erfreuen sich zunehmend steigender Beliebtheit, meist wieder in der Werbung. Auch, wenn die Ergebnisse solcher typografischen Versuche auf ihren manierierten Beinen oft kaum stehen können, so zeigen sie doch, was in einer Schriftfamilie alles an Talenten steckt.

Der Computer, der aus einem Normalschnitt alle Versionen zwischen extramager und ultrafett interpolieren kann, hat uns Schriftfamilien beschert, deren Häupter kaum noch zu zählen sind. Da gibt es in der normallaufenden Version bis zu acht verschiedene Fetten, die man nur im direkten Vergleich unterscheiden kann – wehe, die Belichtung stimmt einmal nicht, dann wird die Demi zur Semi, diese zur Medium, die Ultra zur Black und die Nacht zum Tage. Das gleiche natürlich nochmal in kursiv und schmallaufend und schmallaufend kursiv – am Ende liest sich der Schriftprospekt wie ein Ausstattungskatalog von Daimler

Benz. Gott sei Dank sind wenigstens die breiten Versionen – wie die Weißwandreifen – aus den heutigen Fotosatzschriften verschwunden. Wo es Kameras und stufenlose Größeneinstellung gibt, braucht niemand mehr die häßlichen Zeilenfüller. Es sei denn die Architekten für ihre Briefbogen, aber die nehmen sowieso mit Vorliebe die Eurostile breitmager.

Wenn zu diesen Riesenfamilien nun noch die elektronische Verzerrung kommt, entstehen oft typografische Produkte, die für unseren Beruf das bedeuten, was Nierentische und Messingumleimer für die Innenarchitekten und Industriedesigner der fünfziger Jahre waren. Auch Nostalgie hilft da wenig, das Schmunzeln beim Betrachten dieser Produkte ist immer mit einer Gänsehaut verbunden. Kein Wunder, wenn Blätter aus der Pop-Szene, gleich ob von Profis oder enthusiastischen Dilettanten gestaltet, sich mit hämischer Freude auf die Stilmittel der Nierentischära stürzen: spationierte Versalzeilen, unterlegte Rosatöne, Futura mit meterweise Durchschuß und ellenlangen Zeilen, angeschnittene Fotos und Balken überall. Falschverstandene Bauhaustypografie und verkniffen fröhliches Wirtschaftswunder-Design (Spaß *muß* sein!) sind wohl mit Recht Vorbild einer desillusionierten Generation, die auch in der Gestaltung ihrer Drucksachen ihre Ablehnung der herrschenden Zustände zum Ausdruck bringen will, dafür aber nicht einmal eigene Formen findet. Oder nicht finden will, weil im Zitieren der Sünden der Väter besonders viel Gehässigkeit liegt.

Jetzt bin ich aber ganz schön ins Gesellschaftliche abgerutscht! Solche zeitgenössischen Bezüge mögen

zwar heute interessant sein, könnten aber in ein paar Jahren auch schon wieder angestaubt sein und nicht verstanden werden. Deshalb keine weiteren Ausfälle dieser Art, schließlich soll dieses Büchlein auch in vielen Jahren noch gelesen werden.

Überhaupt keine weiteren Ausfälle irgendwelcher Art, fällt mir da ein! Es ist nämlich zu Ende, das letzte Kapitel.

Hiermit.

Faksimilierter Nachdruck der Originalausgabe

NACHWORT

Lieber Leser, liebe Leserin,

der Fotosatz ist als ernstzunehmende Technik kaum volljährig, da drängt bereits die Generation digitaler Satzsysteme nach vorne. In dieser kurzen Zeitspanne ist an den Fundamenten der Typografie kräftig gerüttelt worden.

Die Aussicht, vom Korsett des Bleisatzes befreit über unendliche Möglichkeiten der Gestaltung zu verfügen, hat vielen Fachleuten Angst gemacht und gleichzeitig vielen jungen Setzern ermöglicht, ins Geschäft zu kommen, solange zum Betrieb einer Fotosetzerei nicht viel mehr gehörte als ein Stromanschluß, eine Maschine und eine Portion unternehmerischer Mut.

Diese Gründerzeit ist vorbei, aber die nächste kündigt sich schon an: die Integration von Text, Bild und Grafik! Als Hersteller von Satzsystemen mit dem höchsten Qualitätsanspruch sind wir uns unserer Verantwortung bewußt: Nicht alles nostalgisch verklären, was früher war, aber das bewahren und pflegen, was sich über viele Jahrhunderte zum Wohle der Leser als angenehm und nützlich herausgestellt hat.

Dazu gehören typografische Regeln und Feinheiten, die in jüngster Vergangenheit in Vergessenheit zu geraten drohten. Der Fotosatz und die digitalen Satzsysteme erlauben uns, diese Feinheiten präziser als je zuvor zu Papier oder auf Film zu bringen.

So wurde dieses Buch mit dem neuen Berthold Ästhetikprogramm gesetzt, das gegenüber vorangegangenen Programmen weit mehr Möglichkeiten bietet, die Qualität der Schrift zu optimieren. War die alte Matrix starr, so läßt sich die neue flexibel an die individuellen Gegebenheiten des jeweiligen Schriftschnittes anpassen. Mit diesem Programm kann der Setzer alle den natürlichen Rhythmus störende Stellen ausgleichen. Was zu eng ist, wird aufgehellt, was zu weit steht, aneinandergerückt. Ziffern im Text werden ausgeglichen, die Wortzwischenräume vor Lückenreißern kleiner gehalten. Punkt, Komma und Bindestrich stehen etwas außerhalb des Satzspiegels. Die Satzkante wirkt dadurch glatter und nicht mehr ganz so ausgefranst.

Als Ergebnis präsentiert sich ein Schriftbild, das harmonisch und rhythmisch stimmig wirkt. Das neue Berthold Ästhetikprogramm ermöglicht eine Satzqualität, die die Bezeichnung »bibliophil« ohne Einschränkung verdient.

Erik Spiekermann, der sich selber »Typomane« nennt, entwickelte die Idee zu diesem typografischen Roman, der mit seinem »bibliophilen« Äußeren zwar hin und wieder etwas selbstironisch kokettiert, der aber gerade in dieser lockeren Art an die alten Tugenden erinnern will und unverkrampft zeigt, was mit Satz heute alles machbar ist.

Wir hoffen, Ihnen hat das Lesen dieses Buches genausoviel Spaß gemacht, wie uns die Arbeit daran.

DIE HERAUSGEBER: H. BERTHOLD AG

ABBILDUNGEN

Seite 16
Fotos: Tilman Schwarz, Erik Spiekermann, Berlin.

Seite 18
Foto Kammerchor: Ullstein Bilderdienst, Berlin
Banjospieler: Rüdiger Helbig, 8013 Haar.

Seiten 24, 30
Fotos: Jochen Littkemann, Berlin.

Seiten 32, 58
Fotos: Erik Spiekermann, London.

Seiten 38, 100, 116
Reproduziert mit freundlicher Genehmigung
des Verlages Dieter Fricke aus dem Buch
»Die Pubertät der Republik« von
Nikolaus Jungwirth und Gerhard Kromschröder.

Seiten 44, 121
Fotos: Tilman Schwarz, Berlin.

Seiten 86, 88
Fotos: Klaus Bossemeyer, Münster.

Seite 94
Foto: H. Berthold AG, Berlin.

Seite 96
Aus »Die neuzeitlichen Anschauungsmittel und ihr
didaktischer Wert für den Religionsunterricht«
von Dr. Josef Krones, 1931, Hermann-Appel-Verlag.

Seite 110
Foto: Harold Sargent†, Leigh

BIBLIOGRAFIE

Kurd Alsleebjn u. a.:
*Cpraaxj unt crift im
Tsaet'altjr der Kübärneetik.*
Quickborn:
Schnelle GmbH & Co., 1963.

Clifford W. Ashley:
The Ashley Book of Knots.
New York: Doubleday,
Doran & Co, 1944.
London: Faber & Faber
Limited, 1947.

Max Baltis:
Die Drucksache.
Zürich: Tages-Anzeiger,
1977.

Hans Rudolf Bosshard:
*Technische Grundlagen
zur Satzherstellung.*
Bern: Verlag des Bildungsverbandes schweizerischer
Typographen BST, 1980.

François Burkhardt &
Inez Franksen (Hrsg.):
Design: Dieter Rams.
Berlin: Gerhardt, 1981.

Helmut Christ:
Satz – gestern, heute, morgen.
München: Karl Thiemig,
1981.

James Craig:
Designing with Type.
New York: Watson-Guptill,
1971.

Florian Fischer:
*Design für das
Westberliner Stattbuch.*
Berlin: Diplomarbeit, 1976.

*»Sind Blumen
was zum Sagen«.*
Berlin: Selbstverlag, 1976.

F. Fischer; H. Jakob:
*Syntaktische
Textentwicklung.*
unveröffentl. Manuskript.
Berlin/Halifax: 1970.

Gerd Fleischmann:
Irish Country Posters.
Bielefeld: Grafische Werkstätten des Fachbereichs
Design der Fachhochschule
Bielefeld, 1982.

Károly Földes-Papp:
Vom Felsbild zum Alphabet.
Bayreuth: Gondrom, 1975.

Adrian Frutiger:
*Der Mensch
und seine Zeichen.*
Frankfurt a. M.:
D. Stempel AG, 1978.

Karl Gerstner:
*Kompendium für
Alphabeten.*
Teufen: Arthur Niggli, 1972.

Programme entwerfen.
Teufen: Arthur Niggli, 1964.

Götz Gorissen (Hrsg.):
Berthold Fototypes E 1.
Berlin: H. Berthold AG, 1974.

Berthold Fototypes E 2.
Berlin: H. Berthold AG, 1980.

Berthold Headlines E 3.
Berlin: H. Berthold AG, 1982.

Eckhard Henscheid:
Die Vollidioten.
Frankfurt a. M.:
Zweitausendeins, 1980.

Leonhard Herman:
Die Heraldik der Wirtschaft.
Düsseldorf: Econ GmbH, 1971.

Stanley Hess:
The Modification of Letterforms.
New York: Art Direction Book Comp., 1972.

Alan Hurlburt:
The grid.
London:
Barrie & Jenkins, 1979.

Allen Hutt:
Fournier.
London:
Frederick Muller, 1972.

Johnson (J.):
Typographia, or the Printer's Instructor.
London:
Messrs. Longman, 1824.

Yusaka Kamekura:
Firmen- und Warenzeichen – international.
Ravensburg: Otto Maier, 1965.

Donald Karshan:
Malevich the Graphic Work: 1913–1930.
Jerusalem:
The Israel Museum, 1975.

Rolf Keller:
Bauen als Umweltzerstörung.
Zürich: Artemis, 1973.

Rob Roy Kelly:
American Wood Type: 1828–1900.
New York: Da Capo, 1969.

H. A. Krüger:
Die Buchdruck-Kalkulation.
Berlin: Deutscher Buchdrucker-Verein e.V., 1937.

John Lewis:
Typography / Basic Principles.
New York: Reinhold Publishing Corp., 1966.

Peter Gorb (Hrsg.):
Living by design.
London:
Lund Humphries, 1978.

Giovanni Mardersteig:
*Die Officina Bodoni
1923–1977.*
Verona: Stamperia
Valdonega, 1979.

Massin:
*Buchstabenbilder und
Bildalphabete.*
Ravensburg: Otto Maier,
1970.

James Moran:
*Fit to be styled a
Typographer.*
London: Westerham, 1978.

Printing Presses.
London: Faber and Faber
Limited, 1973.

Stanley Morison.
London:
Lund Humphries, 1971.

ohne Autor:
*berthold dickten, widths,
chasses.*
Berlin: H. Berthold AG, 1980.

Walter Plata:
*Schätze der Typographie:
Gebrochene Schriften.*
Frankfurt a. M.:
Polygraph Verlag, 1968.

Paul Renner:
*Der Künstler in der
mechanisierten Welt.*
München: Akademie für das
Grafische Gewerbe, 1977.

Paul Renner:
Ein Eindruck.
München: Typographische
Gesellschaft, 1978.

Typografie als Kunst.
München: Georg Müller,
1922.

Ruedi Rüegg &
Godi Fröhlich:
Typographische Grundlagen.
Zürich: ABC, 1972.

John Ryder:
Printing for Pleasure.
London:
The Stella Press, 1976.

Georg Salden:
gst-*Gedanken
zum Schriftentwurf.*
Heiligenhaus: 1980.

Horst Schmidt-Brümmer,
Andreas Schulz:
Stadt & Zeichen.
Köln: M. DuMont
Schauberg, 1976.

Günther Schmitt:
*Fotosatzausbildung für
Schriftsetzer.*
Bellach: Arbeitsgemein-
schaft für graphische
Lehrmittel, 1980.

Herbert Spencer:
The Visible Word.
London:
Lund Humphries, 1968.

ERIK SPIEKERMANN:
Ursache & Wirkung.
Erlangen:
Context GmbH, 1982.

ERHARDT D. STIEBNER &
WALTER LEONHARD:
*Bruckmann's
Handbuch der Schrift.*
München:
F. Bruckmann KG, 1977.

LAYOUT-SETZEREI STULLE:
*Nach-Lese zum
Typographie-Symposium.*
Stuttgart: 1980.

CAL SWANN:
Techniques of Typography.
London:
Lund Humphries, 1969.

JAN TSCHICHOLD:
*Ausgewählte Aufsätze über
Fragen der Gestalt des
Buches und der Typographie.*
Basel: Birkhäuser, 1975.

ohne Titel.
München: Typographische
Gesellschaft, 1976.

*Leben und Werk des
Typographen.*
Dresden:
VEB Verlag der Kunst, 1977.

SIEGFRIED UNSELD:
Der Marienbader Korb.
Hamburg: Maximilian
Gesellschaft, 1976.

BASELINE.
London: TSI Typographic
Systems International.

DER DRUCKSPIEGEL.
Heusenstamm:
Druckspiegel-Verlags-
gesellschaft mbH & Co.

DESIGN.
London:
Design Council.

DESIGNER.
London:
Society of Industrial
Artists and Designers.

FORM.
Seeheim:
Verlag form GmbH.

INFORMATION
DESIGN JOURNAL.
London: Information
Design Journal Ltd.

TYPOGRAPHIC.
London: Society of
Typographic Designers.

VISIBLE LANGUAGE.
Cleveland:
Visible Language.

U & lc.
New York: International
Typeface Corporation.

TYPOGRAFISCHE
MONATSBLÄTTER.
St. Gallen: Zollikofer AG.

STICHWORTVERZEICHNIS

Abkürzungspunkte 63
Absatz 89
Ästhetikprogramm 39, 119
Antiquaschnitte 27
Ausgleich 37
Ausstellungstafel 31
Auszeichnungen 77, 105
Balken 27, 105, 107, 115
Bauhaustypografie 115
Beton 15
Beistrich 55
Bindestrich 53
Blocksatz 65, 87, 89, 91, 93, 95, 97
Briefbogen 49, 51, 53
Brotschrift 31
Brötchen 37, 57, 59
Buchdruck 31
Computer 31, 63, 91, 95, 99, 113
Dickte 23
DIN 53, 83
Doppelpunkt 53
Doppelseite 22, 66
Drittelgeviert 61
Drittelsatz 59
Durchschuß 41
Einheit 23, 59, 63
Einzug 65, 97, 99
Familie 111
Fett 47, 60, 74, 77, 99
Flattersatz 60, 89, 91, 93, 97

Flurbereinigung 86, 88
Formulare 49
Fußnote 113
Gedankenstrich 51
Geviert 23, 59, 61, 97
Gevierteinzug 97
Großbuchstaben 28, 53
Grauwert 93, 95
Grotesk 45, 105
Grundschrift 47
Gutenberg 25
Halbfett 47, 65, 99, 111
Harmonie 20, 21, 89
Headline 19, 31, 81, 119
Heidelberger 53
Hervorhebungen 46, 99, 105
Innenräume 61, 63, 74
Kapitälchen 28, 53, 113
Klammer 51
Komma 41, 51
Kompreß 47, 49
Konsultationsgröße 74
Kursivschnitte 27
Layout 41, 99
Leerzeilen 65, 97
Lesbarkeit 46, 53, 62
Leseabstand 31, 33, 74, 75, 77
Lesegröße 74
Lichtpunkt 103, 107
Linien 85, 103, 105, 107
Linksbündig 17, 60, 65, 89, 91
Mediävalziffern 53, 65

Mittellängen 53, 75, 97
Mittelstehender Punkt 53, 63
Monotype 111
Normal 65, 74, 111
Oberlänge 42, 43, 53
Offsetdruck 31
Ordnung 20, 21
Ornamente 99
Parameter 65, 83, 95, 103
Punktgröße 31
Punzen 27
Quadrat 59, 97
Rauhsatz 91, 93
Rechtsbündig 89
Restwert 93
Rotationstiefdruck 31
Satzspiegel 25
Satzspiegelbreite 89
Satzspiegeldiagonale 75
Schaugröße 74
Schrägstrich 53
Schriftauswahl 17
Schriftgießerei 111
Seitenziffern 65
Serife 45, 105
Spalte 47, 75, 83, 87, 89, 93, 95, 97, 99
Spiekermannscher Lehrsatz 43, 49
Strichpunkt 51
Strichstärke 27, 105
Tabelle 89, 105
Textmenge 33
Titelsatz 31, 63, 107
Trennungen 65, 89, 91, 93, 95
Trennungsprogramm 95
Typogramm 64, 65

Typosignale 99
Ulm 37
Unterhaltungsgehalt 77
Unterlängen 42, 43, 59
Überschriften 19, 49, 75, 109
Unterschneidungen 37
Unterstreichungen 65, 99, 103, 105, 107
Unterzeilen 31
Versalakzent 59
Versalhöhe 31, 55
Versalien 28, 53
Versalzeilen 28, 29, 55, 63, 65, 115
Werbung 19, 27, 113
Wirtschaftswunder 115
Wortzwischenräume 61, 113
Zeilenbreite 85
Zeilenfall 91
Zeitungen 33
Zwischenräume 35, 51, 61, 83
Zwischenüberschriften 47, 49, 65, 83

NACHTRAG DES VERFASSERS
ZUM FAKSIMILIERTEN NACHDRUCK
DER AUSGABE VON 1986,
DIE TECHNISCHE ENTWICKLUNG
SEITDEM BETREFFEND.

„Was kümmert mich mein Geschwätz von gestern?" ist eine weitverbreitete Auffassung, besonders unter Politikern. Ginge es darum, aus Fehlern zu lernen und dumme Sprüche nicht zu wiederholen, wenn man inzwischen etwas dazugelernt haben sollte, wäre diesem Spruch sogar etwas abzugewinnen. Meistens jedoch hört man ihn, wenn jemand daran erinnert wird, daß er diesen oder jenen Tatbestand vor einiger Zeit schon einmal ganz anders beurteilt habe. Schlimm ist es, wenn das Geschwätz aufgeschrieben ist und der Verursacher jederzeit daran gemessen werden kann.

So ist es mir mit meinem typografischen Roman gegangen, den ich 1982 geschrieben hatte und der 1986 in einer zweiten Auflage bei Berthold erschienen war. Die Zeiten – besonders die typografischen – haben sich in den Jahren seitdem stark geändert und kaum noch etwas ist wie es mal war; zumindest gilt das für die technischen Zusammenhänge. Typografische Qualität ist noch immer ein einigermaßen objektiver Maßstab, allerdings haben sich Anspruch und Wirklichkeit seitdem voneinander weg entwickelt.

Damit mir niemand nachsagen kann, ich hätte seit 1982 nichts dazugelernt, und weil auch die letzte Auflage seit langem vergriffen ist, hat mich Bertram Schmidt-Friderichs überredet, einer Neuauflage[*] zuzustimmen und dieser ein paar Bemerkungen hinzuzufügen. Was ich hiermit tue.

Filme oder Platten sind leider nicht mehr vorhanden, deshalb nicht einfach ein Nachdruck, sondern Reproduktionen von gedruckten Seiten, mit allen Nachteilen – siehe Seite 144.

151↓

„Was kümmert mich mein Geschwätz von gestern?" ist eine weitverbreitete Auffassung, besonders unter Politikern. Ginge es darum, aus Fehlern zu lernen und dumme Sprüche nicht zu wiederholen, wenn man inzwischen etwas dazugelernt haben sollte, wäre diesem Spruch sogar etwas abzugewinnen. Meistens jedoch hört man ihn, wenn jemand daran erinnert wird, daß er diesen oder jenen Tatbestand vor einiger Zeit schon einmal ganz anders beurteilt habe. Schlimm ist es, wenn das Geschwätz aufgeschrieben ist und der Verursacher jederzeit daran gemessen werden kann.

So ist es mir mit meinem typografischen Roman gegangen, den ich 1982 geschrieben hatte und der 1986 in einer zweiten Auflage bei Berthold erschienen war. Die Zeiten – besonders die typografischen – haben sich in den Jahren seitdem stark geändert und kaum noch etwas ist wie es mal war; zumindest gilt das für die technischen Zusammenhänge. Typografische Qualität ist noch immer ein einigermaßen objektiver Maßstab, allerdings haben sich Anspruch und Wirklichkeit seitdem voneinander wegentwickelt.

Damit mir niemand nachsagen kann, ich hätte seit 1982 nichts dazugelernt, und weil auch die letzte Auflage seit langem vergriffen ist, hat mich Bertram Schmidt-Friderichs überredet, einer Neuauflage* zuzustimmen und dieser ein paar Bemerkungen anzufügen. Was ich hiermit tue.

Filme oder Platten sind leider nicht mehr vorhanden, deshalb nicht einfach ein Nachdruck, sondern Reproduktionen von gedruckten Seiten, mit allen Nachteilen – siehe Seite 144.

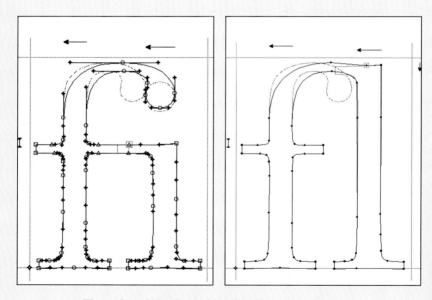

Was es damals bei Berthold nicht gab und was auch der PostScript-Walbaum fehlt, kann sich heute jeder selber basteln und für den Satz verwenden: Ligaturen; hier die fi und fl-Verbindungen der Walbaum Standard normal im Vorher/Nachher-Vergleich.

Nach der Lektüre meines selbstverfaßten Werkes merkte ich zu meinem Glück, daß mein Geschwätz von gestern wenig an Gültigkeit verloren hat, was allgemeine typografische Fragen betrifft. Zeilenabstand, Wortzwischenraum, Laufweite und Zeilenlänge sind immer noch aufs Innigste miteinander verbunden und in ihrer Wirkung voneinander abhängig. Aber das Werkzeug, mit dem Satz und Bilder auf die Seite gelangen, ist kaum wiederzuerkennen.

Weitaus folgenschwerer als die Beschaffenheit dieses Werkzeuges – und auf technische Gegebenheiten werde ich noch kommen – war die Verfügbarkeit der Maschinen, die das ausgeben, was früher (1986!) säuberlich in die Verantwortlichkeiten von Setzern einerseits und Reprografen andererseits aufgeteilt war. Heute stehen sie auf jedem Schreibtisch und anscheinend auch auf vielen Küchentischen. Die ästhetische Qualität mancher DTP-Erzeugnisse erinnert jedenfalls eher an Plätzchenbacken als an typografische Arbeit.

Nun soll aber unser Motto nicht sein *Lerne klagen ohne zu leiden*, sondern ich will der Entwicklung etwas Positives abgewinnen, auch wenn sie viele meiner Freunde um den Arbeitsplatz gebracht hat. Da jeder Grafiker heute einen PC zur Verfügung hat (es sei denn ihm oder ihr ist der Überlebenswille abhanden gekommen), will ich einige der Maßgaben relativieren, die ich seinerzeit angegeben hatte.

Zuvor jedoch will ich die Karten auf den Tisch legen: Auf der folgenden Doppelseite sehen Sie links noch einmal die faksimilierte Seite 20, daneben dieselbe Seite, nachgesetzt mit heutigen Mitteln.

Zügel und bleibe lieber bei unserer Sache, nämlich der Typografie in ihrem vielfältigen Anwendungen und Auswirkungen.

Nachdem dem aufmerksamen und geduldigen Leser inzwischen hoffentlich einleuchtet, wie sehr doch die Typografie in den praktischen, natürlichen Dingen des Lebens ihre Entsprechung hat, mit ihnen also innig verbunden, ja sogar aus ihnen ursächlich hervorgegangen ist, kann ich mich vom einzelnen Buchstaben, dessen vielfältige Erscheinungsformen den fachkundigen Lesern ohnehin bekannt sind, seinem Zusammenhang im Wort hinzuwenden. Der einzelne Buchstabe ist, von wenigen Ausnahmen in meist fremden Sprachen einmal abgesehen, nur vereinzelt (welch Doppelsinn) anzutreffen. In der Regel verknüpft er, der einzelne Buchstabe, sich mit anderen, oft auch ganz unterschiedlichen zum Wort. Unserer deutschen Sprache ist es darüber hinaus eigen, mehrere Wörter zu einem *Überwort*, einem zusammengesetzten Hauptwort (Haupt-Wort) zu vereinen und dabei oft sogar die Ursprungsbedeutung zu vergessen.

Und was den Platzbedarf des Einzelnen gemessen an der Harmonie des Ganzen betrifft, so wäre das schon einen Diskurs in die Gesellschaftspolitik wert, verbietet sich aber, weil es nun wirklich nicht unmittelbar in die Belange der typografischen Gestaltung eingreift. Zu bedenken geben möchte ich lediglich, daß *Harmonie* nicht unbedingt deckungsgleich mit *Ordnung* sein muß. Dabei will ich es bewenden lassen; das nächste Kapitel handelt dafür gleich wieder von drängenden typografischen Problemen.

Zum Vergleich: alt (schwarz) und neu (blau) übereinander gedruckt. Die Versalhöhe stimmt, der Zeilenabstand, der Zeilenfall, die Satzbreite. Auch die Buchstabenformen sind die gleichen. Aber Dickten & Wortabstände sind anders und Trennstriche & Satzzeichen wurden beim DTP-Satz nicht nach rechts aus dem Satzspiegel gestellt.

Zügel und bleibe lieber bei unserer Sache, nämlich der Typografie in ihren mannigfaltigen Anwendungen und Auswirkungen.

Nachdem dem aufmerksamen und geduldigen Leser inzwischen hoffentlich einleuchtet, wie sehr doch die Typografie in den praktischen, natürlichen Dingen des Lebens ihre Entsprechung hat, mit ihnen also innig verbunden, ja sogar aus ihnen ursächlich hervorgegangen ist, kann ich mich vom einzelnen Buchstaben, dessen vielfältige Erscheinungsformen den fachkundigen Lesern ohnehin bekannt sind, seinem Zusammenhang im Wort hinzuwenden. Der einzelne Buchstabe ist, von wenigen Ausnahmen in meist fremden Sprachen einmal abgesehen, nur vereinzelt (welch Doppelsinn) anzutreffen. In der Regel verknüpft er, der einzelne Buchstabe, sich mit anderen, oft auch ganz unterschiedlichen zum Wort. Unserer deutschen Sprache ist es darüber hinaus eigen, mehrere Wörter zu einem *Überwort*, einem zusammengesetzten Hauptwort (Haupt-Wort) zu vereinen und dabei oft sogar die Ursprungsbedeutung zu vergessen.

Und was den Platzbedarf des Einzelnen gemessen an der Harmonie des Ganzen betrifft, so wäre das schon einen Diskurs in die Gesellschaftspolitik wert, verbietet sich aber, weil es nun wirklich nicht unmittelbar in die Belange der typografischen Gestaltung eingreift. Zu bedenken geben möchte ich lediglich, daß *Harmonie* nicht unbedingt deckungsgleich mit *Ordnung* sein muß. Dabei will ich es bewenden lassen; das nächste Kapitel handelt dafür gleich wieder von drängenden typografischen Problemen.

AA AC AG AJ AM AN
AO AQ AR AS AT AV
AW AX AY AZ Av Aw
Ay Ax Pa Pc Pe Po
Py Sv Sw Sy Ta Tb
Td Te Th Ti To Tr Ts
Tu Tw Tx Ty Tz Tæ
Va Vd Ve Vg Vi Vm
Vn Vo Vp Vq Vr Vs
Vv Vw Vx Vy Vz Væ
Wa We Wi Wj Wm
Wo Wr Ws Wt Wu
Wy Wz Xa Xe Xo Xy

Der Sorgfalt bei der Ermittlung von Buchstabenkombinationen, die unterschnitten werden müssen, sind kaum Grenzen gesetzt, obwohl nicht alle Paare so häufig vorkommen wie Te oder To.

Soweit der Vergleich, der insofern etwas hinkt, als daß es eine reproduzierte Seite schon etwas schwer hat, gegen eine frisch belichtete zu bestehen.

Bei allem Wehklagen vieler Kollegen, die mit dem Verschwinden der klassischen Setzerei auch das Aussterben jeglicher typografischer Kultur einhergehen sahen, muß ich dringend anmerken, daß die neuen Systeme es an Möglichkeiten, Satzqualität zu erzeugen, mit jeder vorangegangenen Technik aufnehmen können, ja, sie sogar technisch weit übertreffen. Nehmen wir als Beispiel die Ästhetikprogramme, von denen auf Seite 39 und im Nachwort die Rede ist: diese Aussagen waren zum Erscheinen des Buches schon übertroffen. Selbst ein Berthold-Geviert hatte zuletzt 192 anstatt 48 Einheiten, entsprechend vierfach verfeinert ließen sich Buchstabenabstände einstellen und Unterschneidungen kritischer Kombinationen (die es immer noch gibt) bewerkstelligen.

Jede vernünftige Schrift, die heute auf einem MAC oder PC in einem Layout- oder Zeichenprogramm verwendet wird, hat 1200 oder mehr Ästhetikpaare, womit dem optimalen Ausgleich nur noch rechnerische Grenzen gesetzt sind. Allerdings könnte man einwenden (und das tue ich), daß eine Schrift, die soviele Löcher reißt, vielleicht grundsätzliche Probleme hat. Abgesehen davon, daß man gewisse Lücken zwischen Buchstaben als letztendlich gottgewollt hinnehmen könnte, nützt es wenig, wenn jeder Buchstabe optimal zwischen dem vorausgehenden und dem folgenden ausgerichtet ist, wenn aber weder Grundlaufweite noch Zeilenlänge oder Zeilenabstand stimmen.

Aber das hatten wir ja schon. Leider haben wir die bis in den tausendstel Millimeter gehende Präzision mit so einfachen Vorteilen bezahlt, wie sie das „alte" Bertholdsystem seit den sechziger Jahren aufwies: Je kleiner der Schriftgrad war, desto offener wurde die Laufweite eingerichtet. Automatisch! Bei 16 Punkt lief die Schrift plusminus null, darüber wurde sie enger, darunter weiter gestellt. Natürlich kann man die Laufweite in den meisten Layoutprogrammen auch heute je nach Schriftgröße einstellen, aber man muß das für jedes Dokument, für jede Schrift, für jede Größe neu definieren und anwenden. Da es keine einheitlichen Kriterien für die Größe eines Gevierts oder eines Versalbuchstabens mehr gibt, kann ich hier leider keine Faustregeln anbieten. Nur soviel als kleiner Tip: Was früher bei Berthold im 48-Einheitensystem eine Einheit war, ist heute bei den Layoutprogrammen 2%. Den Rest muß sich jeder selbst ausrechnen.

Überhaupt ist selbermachen angesagt, es sei denn, man ist mit dem zufrieden, was Programme und Schriften (die jetzt „Fonts" genannt werden) ohne Eingriff bieten. Aber erstens hat man dann höchstens durchschnittliche typografische Qualität zu erwarten und zweitens lange nicht alle Möglichkeiten genutzt, die uns die Technik bietet.

Schrift, zum Beispiel, ist nicht mehr heilig. Wenn einem ein Buchstabe nicht gefällt, macht man ihn eben neu; einige hundert Mark, etwas Zeit und ein bißchen Geschmack vorausgesetzt. Ganze Schriften lassen sich so, sagen wir mal vorsichtig: manipulieren. Wer zum Beispiel Mediävalziffern braucht (siehe Seite 53), aber keine vorfindet, kann sie sich selber machen, bewegt sich aber immer in einer juristischen Grauzone. Die selbstgemachte Schrift ist nämlich nur für den eigenen Rechner oder Drucker lizensiert. Das Belichtungsstudio muß immer auch die Originalschrift besitzen, wenn es mit einer selbstgebauten Version des Auftraggebers arbeiten will.

Zum Thema Schrift muß ich noch eine Anmerkung loswerden, in eigener Sache gewissermaßen:

Auf Seite 100 hatte ich die Hausschrift etlicher deutscher Unternehmen abgebildet. Nun will ich mich nicht erneut festlegen, aber einiges hat sich inzwischen getan. Nixdorf gibt es nicht mehr, die Bundespost auch nicht; Daimler Benz hat eine eigene Hausschrift und Siemens verwendet weitestgehend die Univers. BASF, Bayer, BMW, Lufthansa, Sparkasse und Telekom halten wacker an Helvetica fest, wie bekanntlich auch die Deutsche Bahn. Keine Sorge also, auch im vereinten Deutschland* gilt die Bundeseinheitsschrift noch ziemlich unangefochten, selbst wenn es hier und da einige unbelehrbare Abweichler gibt.

Auch wenn es sich am Beispiel der genannten Unternehmen nicht beweisen läßt: In den letzten Jahren ist das Angebot an neuen Schriften sprunghaft gewachsen. Zwar sagt die Menge noch nichts über die Qualität aus, aber man kann sich seltener als zuvor darüber beklagen, daß es für eine bestimmte Aufgabe nicht die passende Schrift gäbe. Und wenn selbst unter

---

* *Die erste und zweite Auflage wurden noch zu Zeiten zweier Deutschlands gedruckt!*

Eine Schrift kann viele Söhne und Töchter haben.

den 8000 Alphabeten nicht das richtige ist, dann bitte: selbermachen. Am Werkzeug soll es nicht scheitern. Und wer nicht das Zeug oder die Geduld hat, eine „richtige" Textschrift zu gestalten, der kann immer noch an einer bestehenden Schrift herumzerren, sie verfremden, mit anderen Schriften mischen, bis zur Unkenntlichkeit verstümmeln. Erlaubt ist, was technisch machbar ist.

Sowenig, wie man demnach sicher sein kann, ob die Schrift, die man liest, nicht von einem gut- oder mutwilligen Laien gebastelt wurde, sowenig kann man den Bildern trauen. Denn Programme zur digitalen Manipulation aller Eigenschaften einer Abbildung gibt es reichlich. Was der KGB regelmäßig in Auftrag gab, um einen überflüssig gewordenen Politiker aus dem Gruppenbild vor dem Kreml zu entfernen, läßt heute jeden PhotoShop-Anfänger müde lächeln.

Die Moral: Traue keinen Sprüchen, keinem Fachbuch (diesem schon gar nicht), traue auch keinem selbsternannten Experten. Traue nur Deinen Augen.

*What you see is what you get** – dieses Versprechen war nie wahrer als heute.

---

* *Was Du siehst, kriegste.*

NOCH EIN NACHWORT,
DIESMAL ZUR HERSTELLUNG

Die Druckunterlagen der letzten Auflage dieses Büchleins sind spurlos verschwunden. Zuerst wollten wir alles neu setzen, auch die Beispiele auf den linken Seiten, und daran demonstrieren, daß man alles auch auf einem DTP-System herstellen kann. Leider fehlten etliche Originalfotos, und für einige Titelsatzschriften hätten wir auf ein anderes Satzverfahren ausweichen und Filme montieren müssen. Daher am Ende also der Entschluß, das ganze Werk von einem gedruckten Exemplar zu reproduzieren, trotz des zu erwartenden Qualitätsverlustes.

Die Schriftseiten wurden mit einer Reprokamera aufgenommen, die Bildseiten gescannt. Darunter litten vor allem die kursiven Bildunterschriften, die jetzt aufgerastert sind. Bei Feinstrichvorlagen auf Seiten, die gleichzeitig Halbtonabbildungen aufweisen, ist selbst der beste Scanner nicht gut genug. Der Ehrlichkeit (und der Kosten) halber haben wir darauf verzichtet, die Texte auf den Bildseiten neu zu setzen und einzumontieren, was möglich gewesen wäre.

Die Bilder sind etwas härter geworden, die Schrift spitzer. Der Inhalt – und auf den kommt es an, oder? – entspricht dafür zu 100% dem Original.

Zusätzlich gibt es vier Schutzumschläge, einer häßlicher als der andere. Die Entwürfe verdanke ich meinen KollegInnen bei MetaDesign, an der Idee ist Bertram Schmidt-Friderichs schuld.

NACHWORT ZUM NACHTRAG

Die Gelegenheit ist günstig, 16 Seiten müssen ohnehin gedruckt werden, da kann ich leicht noch ein paar Anmerkungen unterbringen, die mir seit Jahren am Herzen liegen.

Einige Leser haben verzweifelt nach Fehlern gesucht und dabei oft zu früh frohlockt. Die falsche Trennung von Seite 75 zu 76 (Kapite-lÜberschrift) war natürlich Absicht, auf Seite 95 habe ich es ja auch zugegeben. Einen anderen Fehler aber gibt es, von dem ich nicht mehr weiß, ob ich ihn eingeschmuggelt habe oder ob er uns einfach durchgeschlüpft ist. Ich meine den Schusterjungen auf Seite 81, die angefangene erste Zeile eines neuen Absatzes, mit Einzug. Mir bleibt nur, zur Erklärung (nicht Entschuldigung) Jan Tschichold zu zitieren, der ein Hurenkind (also eine Ausgangszeile am Kopfe einer Seite) für verdammenswert hält, zu dem Fall auf Seite 81 aber gesagt hätte:

„Manche verwerfen aber auch Anfangszeilen am Fuße einer Seite (Schusterjungen, Waisenkinder). Mir scheint, daß das nicht mehr als ein Wunsch sein darf. Man soll nicht zuviel verlangen."

Wo er recht hat, hat er recht.

Schrift
Walbaum Standard BQ, 9,4 pt; Laufweite + 3;
Zeilenabstand 4,25 mm; Blocksatz auf 81 mm;
Wortabstände 55/90/110; Einzüge 6 mm;

Satz
Quark XPress 3.2; Apple PowerMac 7100.

Belichtung & Scans
CitySatz, Berlin.

Reproduktionen & Druck
Universitätsdruckerei Hermann Schmidt, Mainz.

Papier
100g/qm Alster Werkdruck holzfrei
geglättet säurefrei

Bindearbeiten
C. Fikentscher, Darmstadt.

Gestaltung
Erik Spiekermann, MetaDesign, Berlin.

© Verlag Hermann Schmidt Mainz
Alle Rechte vorbehalten
25. bis 30. Tausend
ISBN 3-87439-307-0
Printed in Germany 1994